親が老いていく

ちかさ
Chikasa

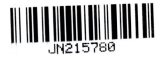

親が老いていく

もくじ

1章

突然のくも膜下出血

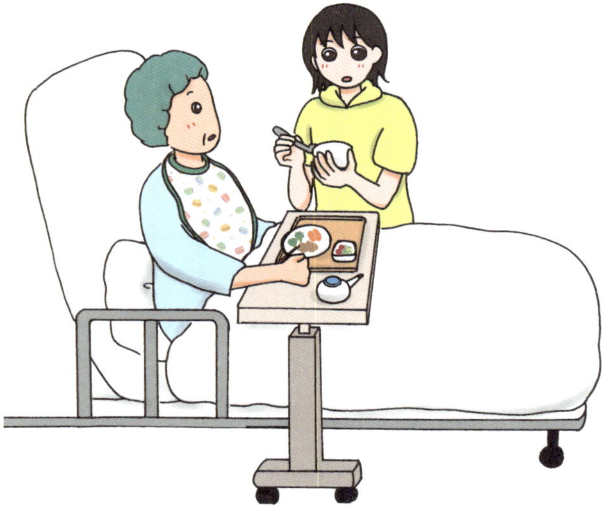

それは私が
大学3年生の夏
サークルの夏合宿で
群馬にいた時の
ことでした
1週間にわたる
練習を終えて
最終日には
ゆっくり温泉に
入っていました

あ〜気持ちよかった〜
あとは飲み会までのんびりできるね
あれ？お母さんからだ
ちかさちゃん？
どうしたの？
今大丈夫？
うん！温泉から帰ってきたところ
実はお父さんが
くも膜下出血で緊急手術になって…

『家族を呼んで下さい』って…
お医者さんに言われて…
皆が送り出してくれたのですぐに私は
群馬の合宿所から実家のある仙台の病院に向かいました
あまりにも唐突過ぎて現実を受け止められず…
でも大好きな父を思うと
ただただ涙が止まりませんでした

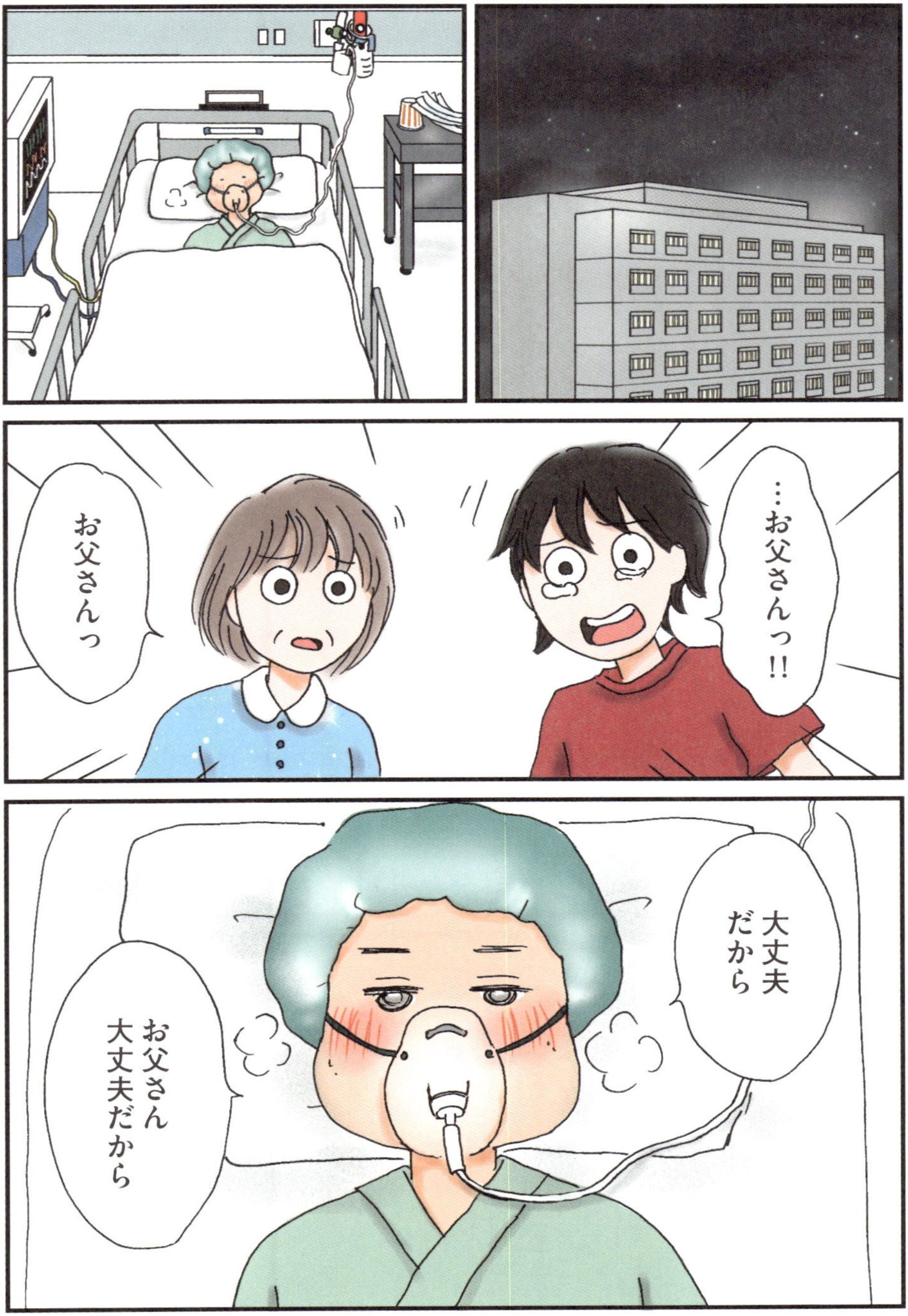

…お父さんっ!!
お父さんっ
大丈夫だから
お父さん大丈夫だから

〜〜〜っ
お父さんていつも
ポジティブだけど…
大丈夫
大丈夫
全身麻酔の影響で
顔がパンパン
意識も朦《もう》朧《ろう》としている
父の第一声
大丈夫って…
私はその時
父は正真正銘の
ポジティブ人間だと
確信しました
その後
水頭症になり
2度の手術
およそ1か月の
入院生活を
経て退院
70歳の時の
ことでした

それから
5年後
父は後遺症もなく
元気に過ごして
いましたが…
……
お父さん
動かないなぁ…
当時私は
数か月に一度
帰省していたので
ちかさ（東京）
両親（仙台）
会うたびに
『年取ったなぁ』と
思っていました

父の一日
ほとんど一日中椅子で寝てるっ
お父さんっ
ふごっ
…お父さん何かしてみたら？
散歩とか？
時間がもったいないよ

おじいちゃんは動くのになぁ
ぴんっ
つい98歳の祖父※と比較してしまっていました
※母の父親
一方母も
やることいっぱい忙しい〜
お父さんより7つ下とはいえこの違い…
すばらしいっ
お父さんだって
やれば色々できるはずなのに

父は学生時代
勉強が大好きで
成績も優秀だった
ようです
学業成績表 第3学年
出席状況
体格検査表
通信欄
認印
平均点
86
順位(クラス)
1位・2位
中1の時に英語に
興味を持った父は
English
小学校で使った
国語の教科書を
こくご
NOTE BOOK
辞書をたよりに
全部自分で
英訳したそう
それを日本人の
英語の先生と
ネイティブの
英語の先生
両方に見てもらったとか
その後も
猛勉強し
独学で英検1級
通訳の資格も取得

国際交流にも
積極的で
私が小学生の
時には
毎週のように
カナダ人夫妻を家に
招待していました
すごいなぁ…
どうすれば
お父さんみたいに
話せるように
なるの？

英語話したい？
うんっ!!
もちろんお父さんも最初は何もわからなかった
でもね英語が相手に通じるとうれしくて
辞書を何回も何回も引いて
自分の言いたいこと全部英語にしてとにかく話してみた
dictionary
その繰り返し
you.
having a great
いい？ちかさちゃん
やらなかったら何もできないんだよ

やれば必ずできるからね？
父の実体験から私も自然とそう信じるようになったのです
だからこそ自分から何もしようとしない父に
歯がゆさばかりが募っていました

3人で買い物に出かけることはあったのですが
MALL
座って待ってるから
2人で行ってきて
お父さんほんとに歩かなくなったよね
うんすぐに座るし
この前も近所で転んじゃったからねぇ
困ったものだわ

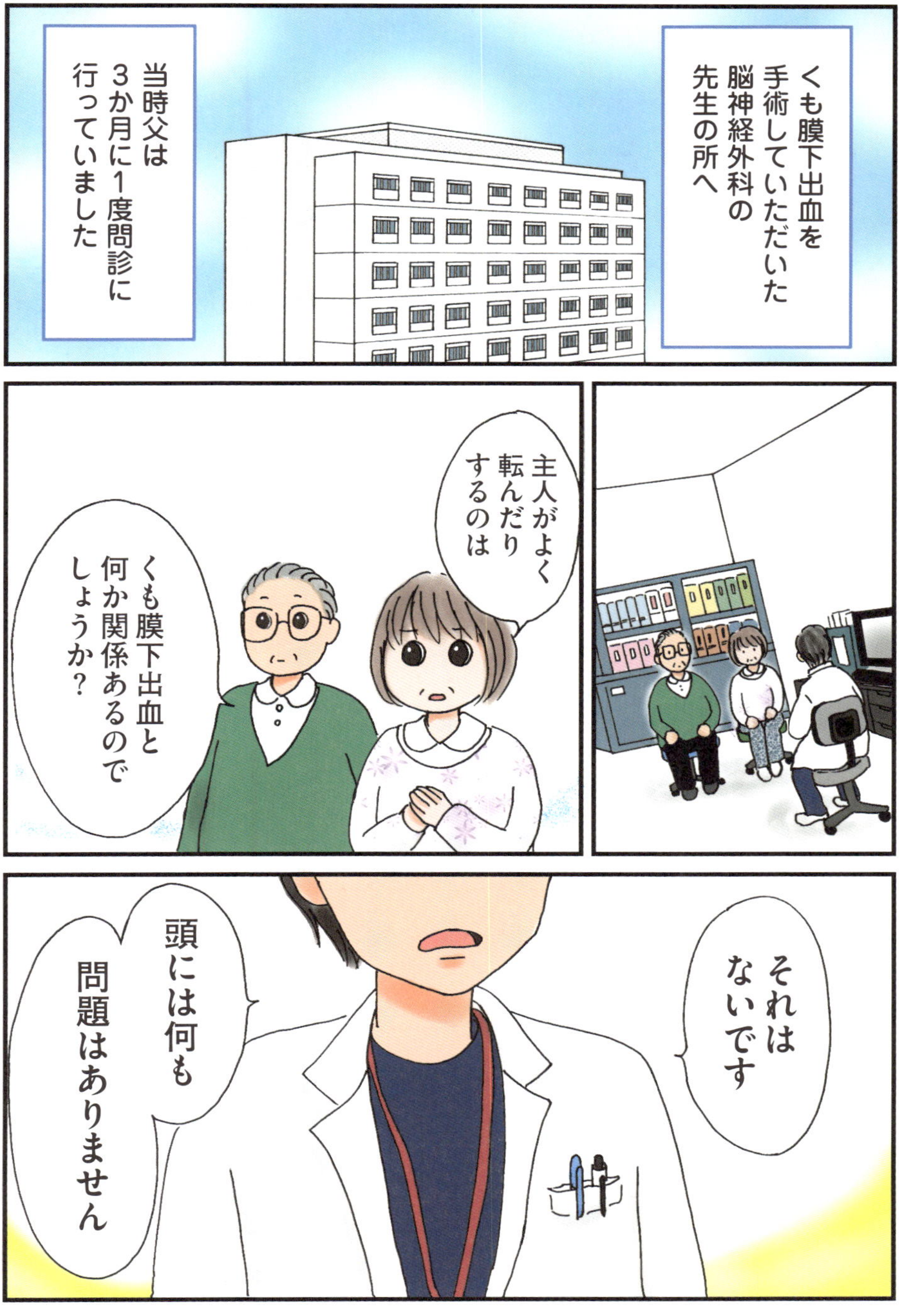
くも膜下出血を手術していただいた脳神経外科の先生の所へ
当時父は3か月に1度問診に行っていました
主人がよく転んだりするのは
くも膜下出血と何か関係あるのでしょうか?
それはないです
頭には何も問題はありません

紹介された整形外科に行ってみても
再診・初診 受付
特に問題は見つかりませんでした
ご主人は年相応ですしこれ以上何を望むんですか
………
整形の先生
——少しでもお父さんが歩けたらって
思ってるだけなのに!!
売店
あ
お父さん
買っておこうか？
その時から父は杖を持ちました

それから
数か月後
母が用事で
上京していた時
もしもし？
お父さん？
もう1日東京に
いなくちゃいけなく
なっちゃって…
大丈夫？お父さん
変わったことない？
何もないよ
大丈夫だから
ごめんね明日
帰るから…
うん
気を付けて
ところが翌日
母が帰ると
ただいまー

……
?
お父さんっ!?
……
どうしたのっ!?
うっ
くさい…
お父さんっ お風呂 入らなきゃっ!!
実は父は前日 外食に出かけて
派手に転んだ らしいのです

救急車で運ばれ病院での診察の結果特にケガなどは無かったようで父はタクシーで帰宅しました
ところが家に帰ってから思うように動けずトイレに行くこともままならなかったようです
どうしてっ!!
もぉ〜〜っ
そんな大変なこと言わなかったの!?
お母さんに悪いから
父なりの母に対する優しさでした
さらにその翌朝
父は腰を抜かしベッドから起き上がれず
がんばって〜
病院連れて行かないと

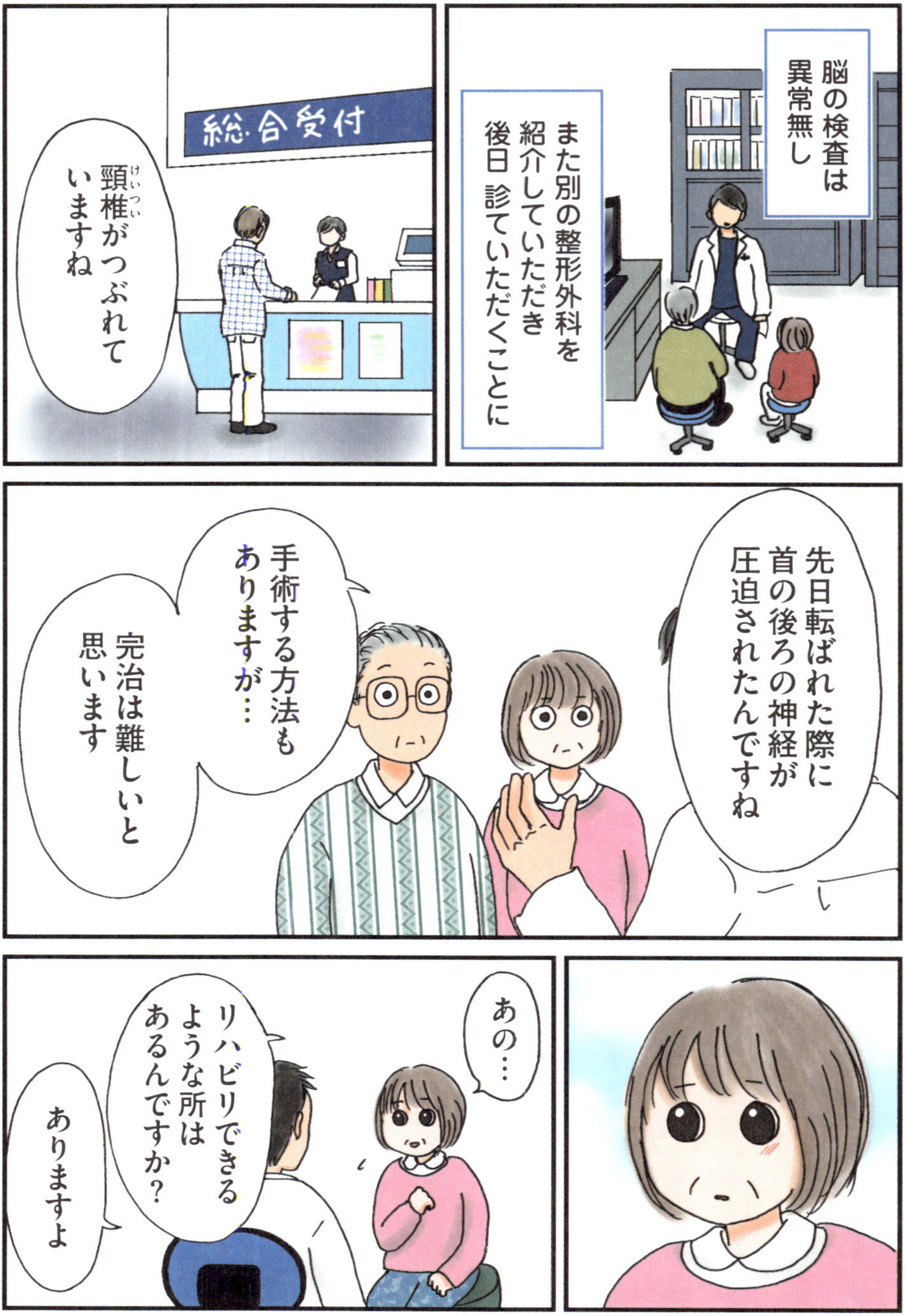
脳の検査は異常無し
また別の整形外科を紹介していただき後日 診ていただくことに
総合受付
頸椎《けいつい》がつぶれていますね
先日転ばれた際に首の後ろの神経が圧迫されたんですね
手術する方法もありますが…
完治は難しいと思います
あの…
リハビリできるような所はあるんですか？
ありますよ

紹介されたのは
自ら練習する
スポーツジムの
ようなところで
父には向かないと
母は判断しました
首は危険だし
こわいわよ～
母も周囲の話や
情報などから
手術には踏み切れ
ませんでした
父は毎日
整骨院に通い
母が根気よく
手助けをして
また歩ける
ようになりました

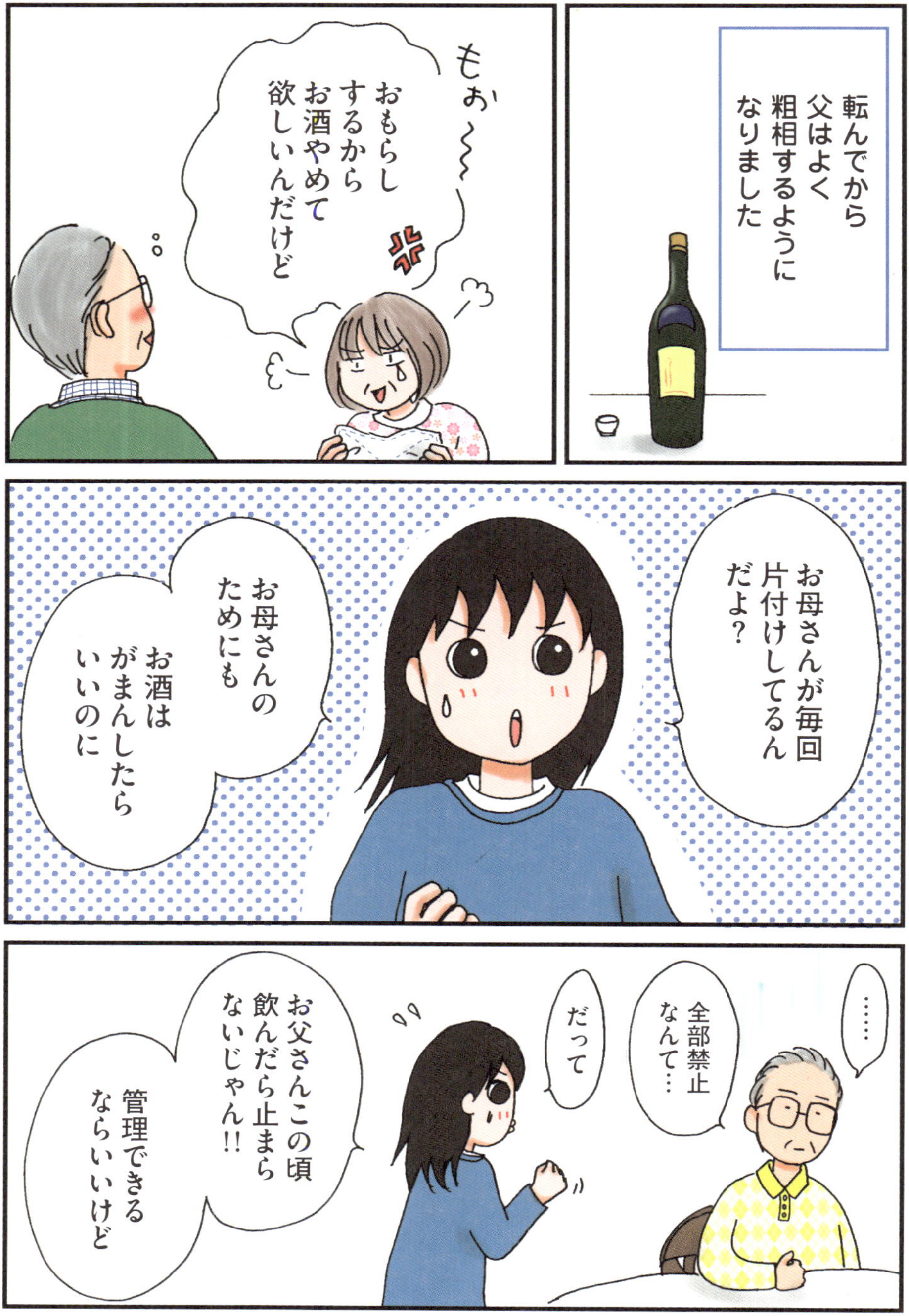
転んでから父はよく粗相するようになりました
もぉ～～
おもらしするからお酒やめて欲しいんだけど
お母さんが毎回片付けしてるんだよ？
お母さんのためにもお酒はがまんしたらいいのに
……
全部禁止なんて…
だって
お父さんこの頃飲んだら止まらないじゃん!!
管理できるならいいけど

あ〜〜〜〜
まだ飲むの――――
お酒――――!?
ダメだってば――――
ちょっとだけだよ
ちょっとじゃないじゃんっ!!
さっきも飲んでたっ
いいんだよっ!!
逆ギレ状態っ
前はこんなことなかったのに…
もうお酒隠すしかないっ!!
仕方ないよね
言ってもきかないし

この頃から母は父に尿取りパッドを使っていました
尿とりパッド
24枚
それでも…
ううう
この前お父さんタクシーでお漏らししちゃったのよぉ～
ええっ
もう恥ずかしいやら情けないやら
でもお父さん謝りもしないから
もうほんとに嫌になる
……………
頭にくる

父は明るく素直で温厚
怒鳴ることなんてめったにありませんでした
ちかさちゃんはお父さんとお母さんの
何でしょう?
?
なぁに?
正解は…
宝物

ちかさちゃんはお父さんとお母さんの
かけがえのない宝物だよ
私が大好きだったあの時の父とすぐに怒鳴る今の父は同じ人なのだろうか？
世間体やプライド
そんな概念もなくして
まるで本能のままに生きていく
それを〝老い〟という言葉で
まとめてしまっていいのか？

2章

まさか、認知症!?

父の老い方に歯がゆさを感じながらも受け入れようとしていた私が
今までとは違う決定的な違和感を持ったのはそれから2年後のことでした
MOTHER
……え？
だからね この前「卵買ってきて」って頼んだのに
お父さんたらね親子丼買ってきちゃったの
へぇ～
珍しいね
お父さんは間違えないように
几帳面にメモするタイプなのに

もしもし お父さん？ お母さん いる？
ケータイ つながらなくて
お母さん今 出かけてる
あ
そうなんだ
じゃあ 帰ってきたら
私から電話 あったって 伝えてね
ところが…
ええ〜
お母さんずっと 家にいたんだけど？
えっ!?
だって いないって お父さんが…

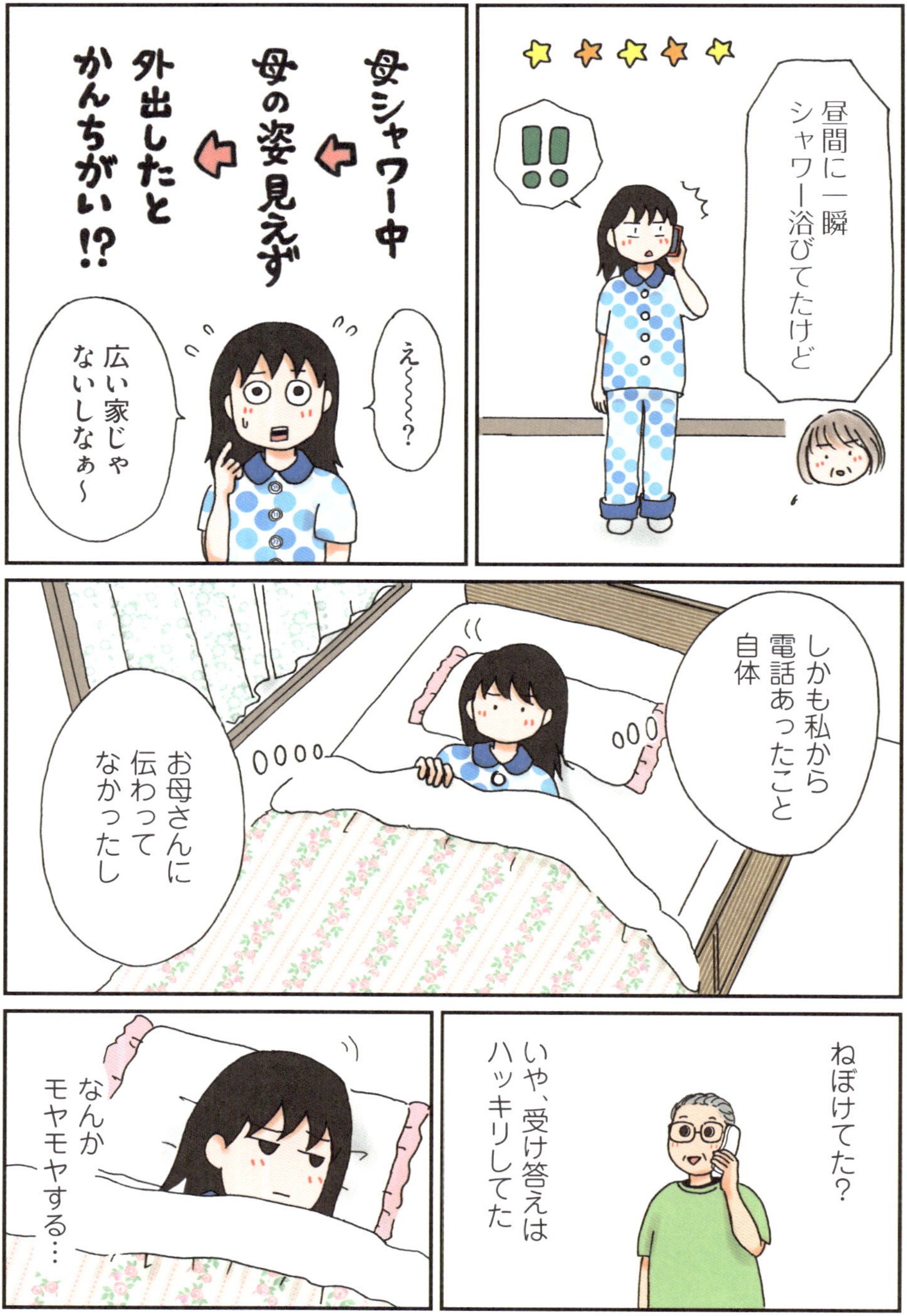
!!
昼間に一瞬シャワー浴びてたけど
母シャワー中
母の姿見えず
外出したとかんちがい!?
え〜〜〜?
広い家じゃないしなぁ〜
しかも私から電話あったこと自体
お母さんに伝わってなかったし
ねぼけてた?
いや、受け答えはハッキリしてた
なんかモヤモヤする…

その1か月後
※祖父のお墓参りで両親が上京しました
※母の実父（出身は東京）
私の住む家は最寄駅から歩いてすぐなのですが
お父さん？
はぁ
はぁ
よろ
よろ
……
足遅くなりすぎじゃないっ!?
お父さんがんばって!!
20分かかってようやく到着
家
GOAL
駅
START
※私の足だと5分くらい

私が現在住んでいるのは
亡くなった祖父母の家で
そのためここには父も
昔からよく来ていました
ぼーーっ
お父さんずっとぼーっとしてるっ!!
お父さん大丈夫?
うん
冷蔵庫どこだっけ?
えっ
あそこだよ忘れちゃったの?

久々に仙台から来たとは言え
その後も
ぼーっ
……
お父さん何もできなくなっちゃってる気がする!!
お墓参りに行くのも…
お父さん頭ぶつけないようにね
大丈夫?
私がいるから安心してっ
お父さんがんばって

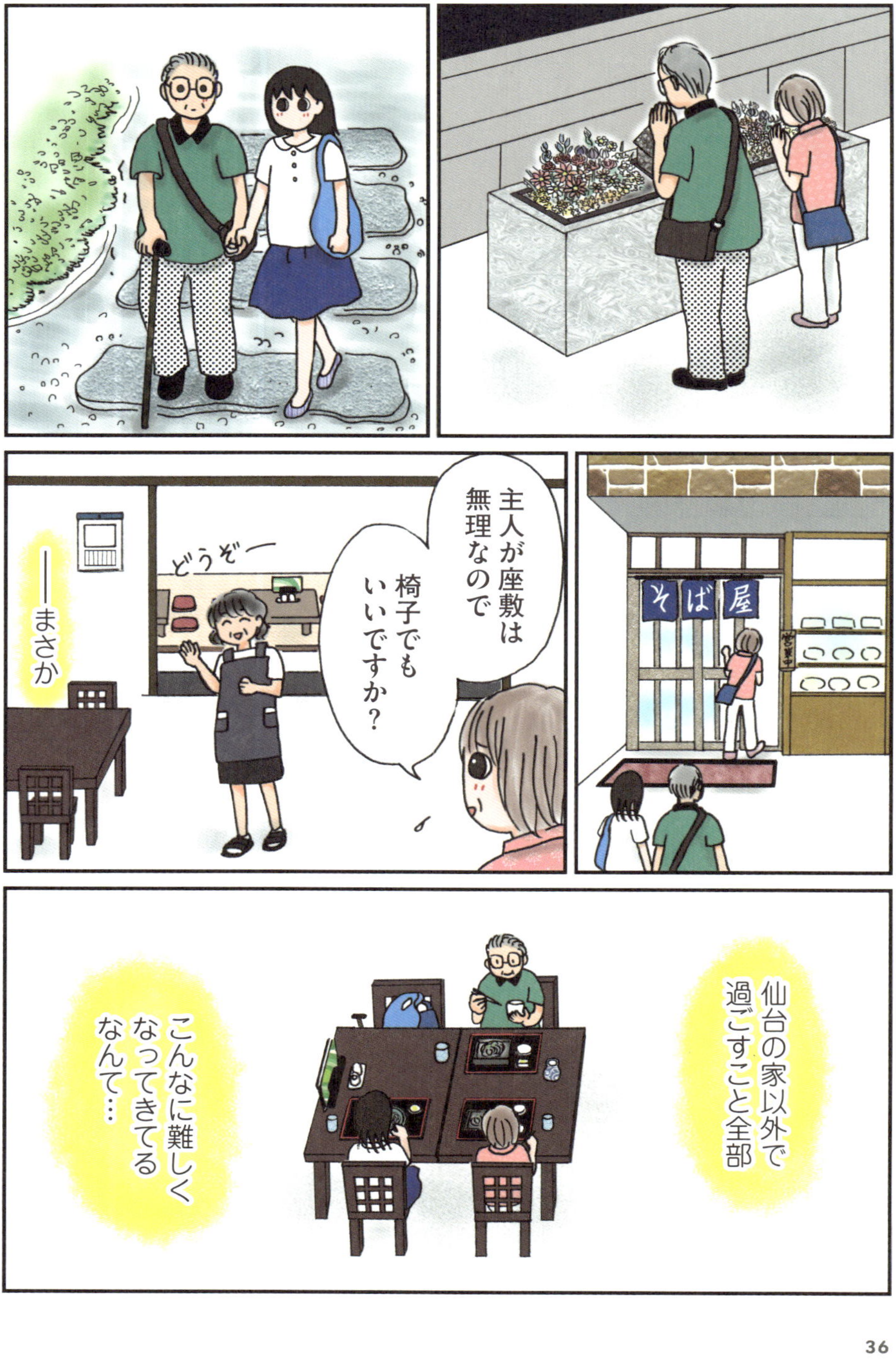
そば屋
主人が座敷は無理なので
椅子でもいいですか？
どうぞー
――まさか
仙台の家以外で過ごすこと全部
こんなに難しくなってきてるなんて…

ぐったり
おつかれさま
お父さんますます歩けなくなってきてない？
まぁ東京だと知らない道だからねぇ
そっか…
それにしても大変だったなぁ…
お父さん明日の準備できたの？

……
朝からずっと動いてないし
全然やってないように見えるけど
今からだよっ
いっつも言われないとやらないんだから
今からっ
やろうと思ってたんだよ!!
またそうやって何で怒鳴るの？
お父さんて
こんなことで怒鳴るっけ？

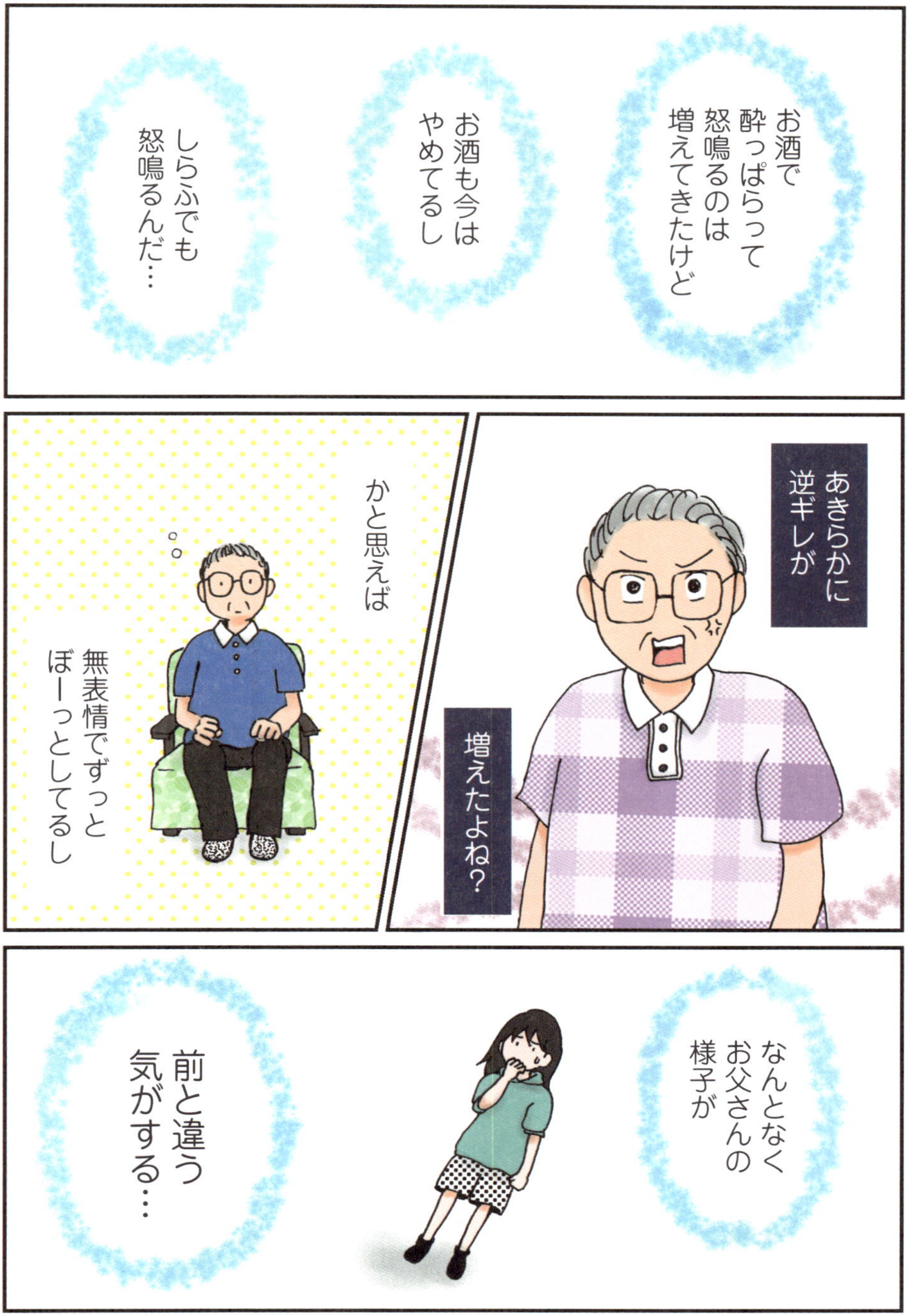
お酒で酔っぱらって怒鳴るのは増えてきたけど
お酒も今はやめてるし
しらふでも怒鳴るんだ…
あきらかに逆ギレが
増えたよね？
かと思えば
無表情でずっとぼーっとしてるし
なんとなくお父さんの様子が
前と違う気がする…

年相応だと言われれば
そういう気もするけど
ぴっ
認知症だと不安になったら
もの忘れ外来に行こう
……
まさか…

一度お父さん「もの忘れ外来」に行った方がいいと思うの
認知症なのかどうか診てもらった方が
～父に考えられる原因いろいろ～
・年齢・年相応
・偶然様子がおかしかっただけ
・くも膜下出血の影響
・認知症
・そのほか
素人の私達が判断できないし…
どうしても私は
最近のお父さんに違和感がある
少しでも早くに…
大丈夫
お父さんは大丈夫よ

えっ!?
お父さんにはまだ早いわよ
今診てもらわなくてもいいよ
だって少しでも早く診てもらった方がいいじゃんっ!!
いいからっじゃあねっ
ブツッ
えっ!?
・・・・・・
その後も
別にね何でもなかったら
それで安心するでしょ?
お父さんには必要ない
別の日も
お母さんもの忘れ外来のことなんだけど
聞いてる?
ブツッ
えっ!?
切った!?

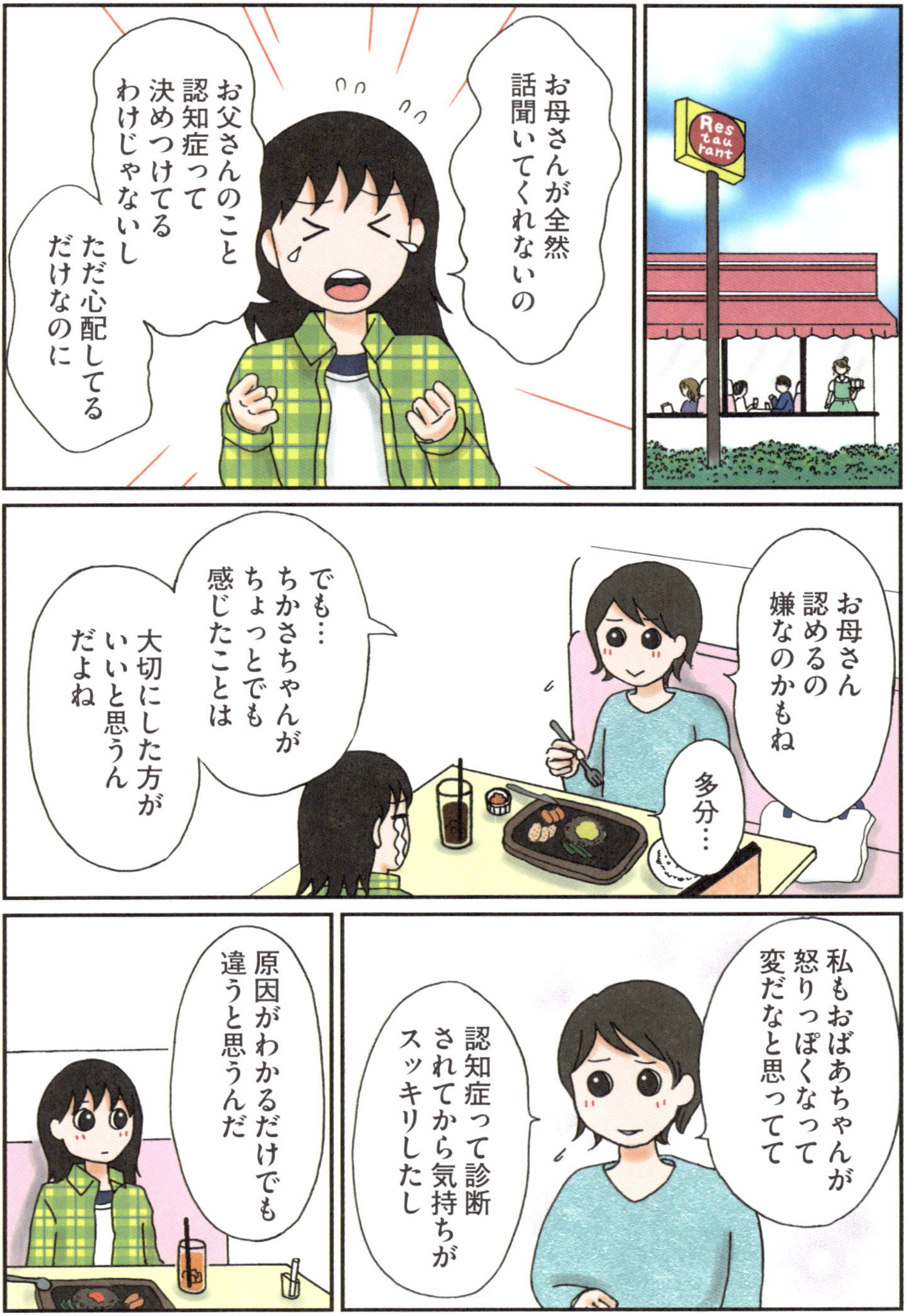
Res tau rant
お母さんが全然話聞いてくれないの
お父さんのこと認知症って決めつけてるわけじゃないし
ただ心配してるだけなのに
お母さん認めるの嫌なのかもね
多分…
でも…ちかさちゃんがちょっとでも感じたことは
大切にした方がいいと思うんだよね
私もおばあちゃんが怒りっぽくなって変だなと思ってて
認知症って診断されてから気持ちがスッキリしたし
原因がわかるだけでも違うと思うんだ

そして少しでも早い方がいいと思うよ!!
ありがと〜がんばってみるね
友達に話を聞いてもらうと心が救われました
お母さん何で話そらすの？
少しでも早くに原因がわかった方がいいんだよ？
私が病院にお父さんを連れて行く？
それはダメ
それにお父さんが認知症なわけないもの
だーかーらっ診てもらわないとわからないって言ってるじゃんっ
もぉ〜
こんな繰り返しが何度も続きました

お母さんは一番わかってくれて
一緒に頑張っていける存在だって思ってるのに…
まさかこんなにも話を聞いてもらえないなんて…
あ
辛くなった私は
仙台の病院の相談窓口に電話をかけてみました
そうですねーお母様を説得して
お父様を一日でも早く連れて行って下さるといいですね～
優しく話を聞いて下さったのですが
解決案は導き出されませんでした

それからも…
ブブブ
ブブブ
……
ブブブッ
ぷいっ
ブブブ
ブブブ
別の用件では
かかってくる
母の電話
私はしばらく
無視を続けました
ブブブ
MOTHER
ブブブ

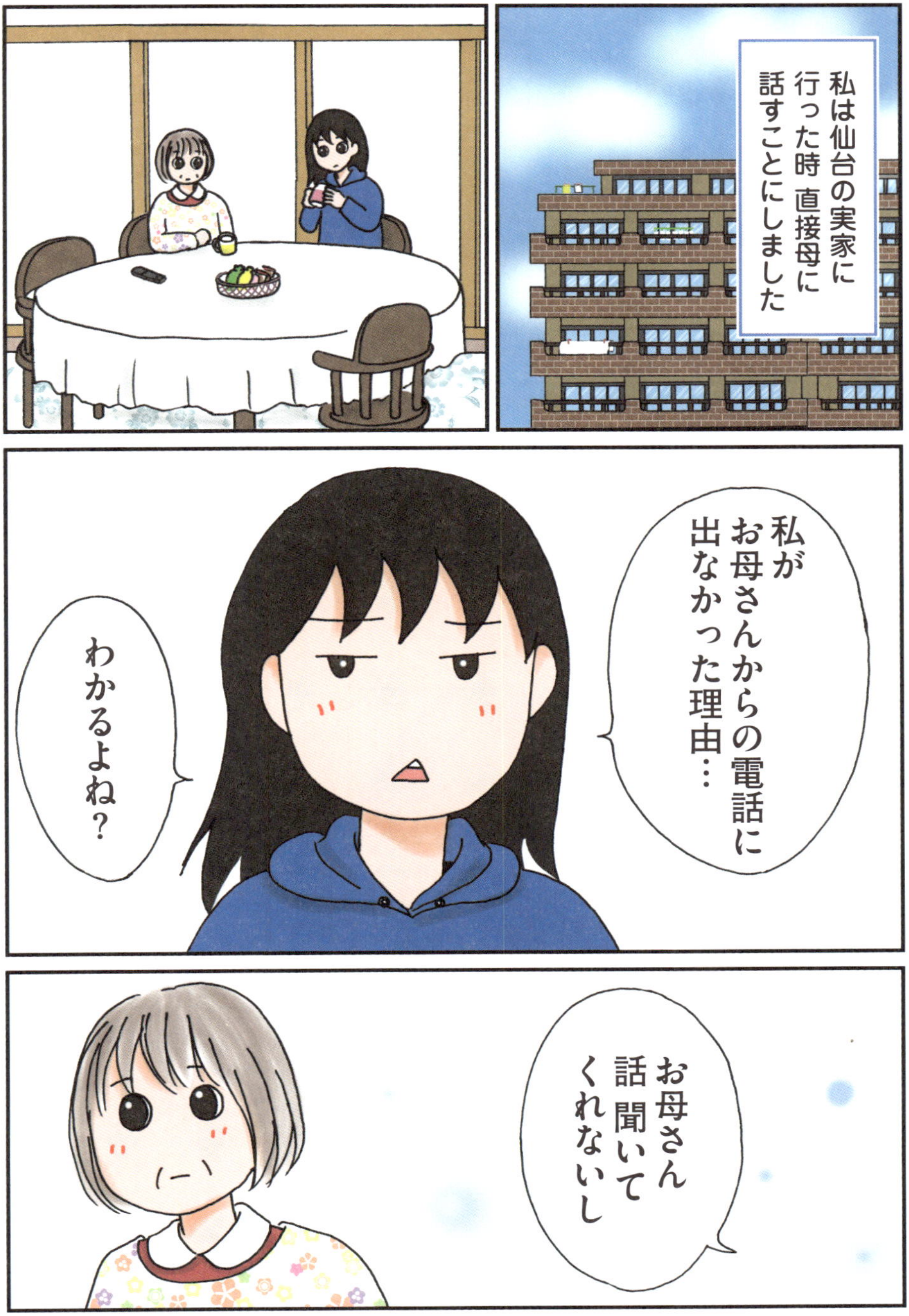
私は仙台の実家に行った時 直接母に話すことにしました
私がお母さんからの電話に出なかった理由…
わかるよね？
お母さん話聞いてくれないし

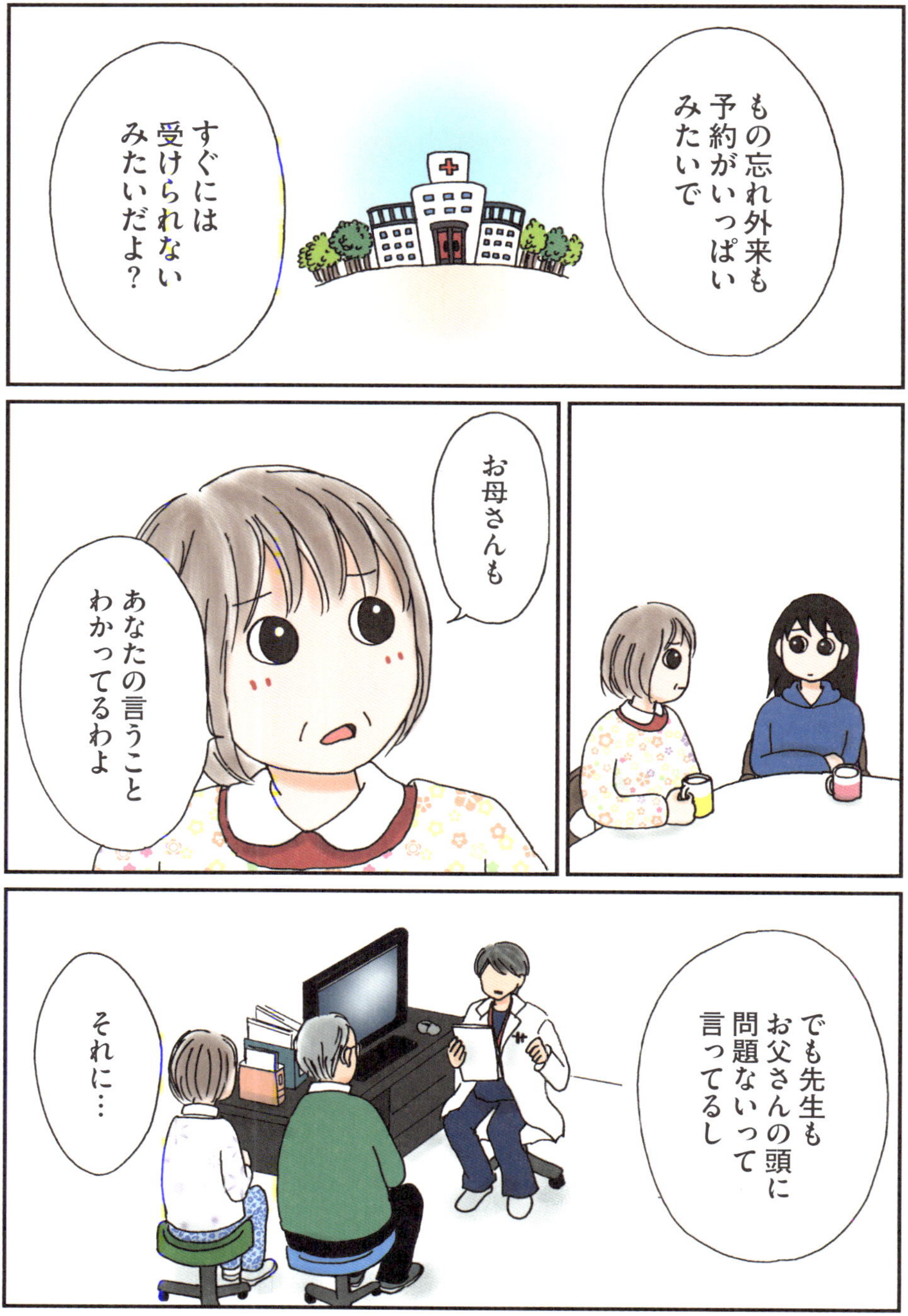
もの忘れ外来も予約がいっぱいみたいで
すぐには受けられないみたいだよ？
お母さんも
あなたの言うことわかってるわよ
でも先生もお父さんの頭に問題ないって言ってるし
それに…

お父さんが認知症だったら
嫌だもん…
やっぱり…
それがお母さんの本音だったんだ
そしてこの時私が感じたのは
お父さんは私にとっては父親だけど…

お母さんにとっては
立派な旦那様なんだよね…
大好きな人が認知症になったら
たしかに嫌だ…
まだ認知症かわからないじゃんっ
だからっ…
ピンポ〜ン

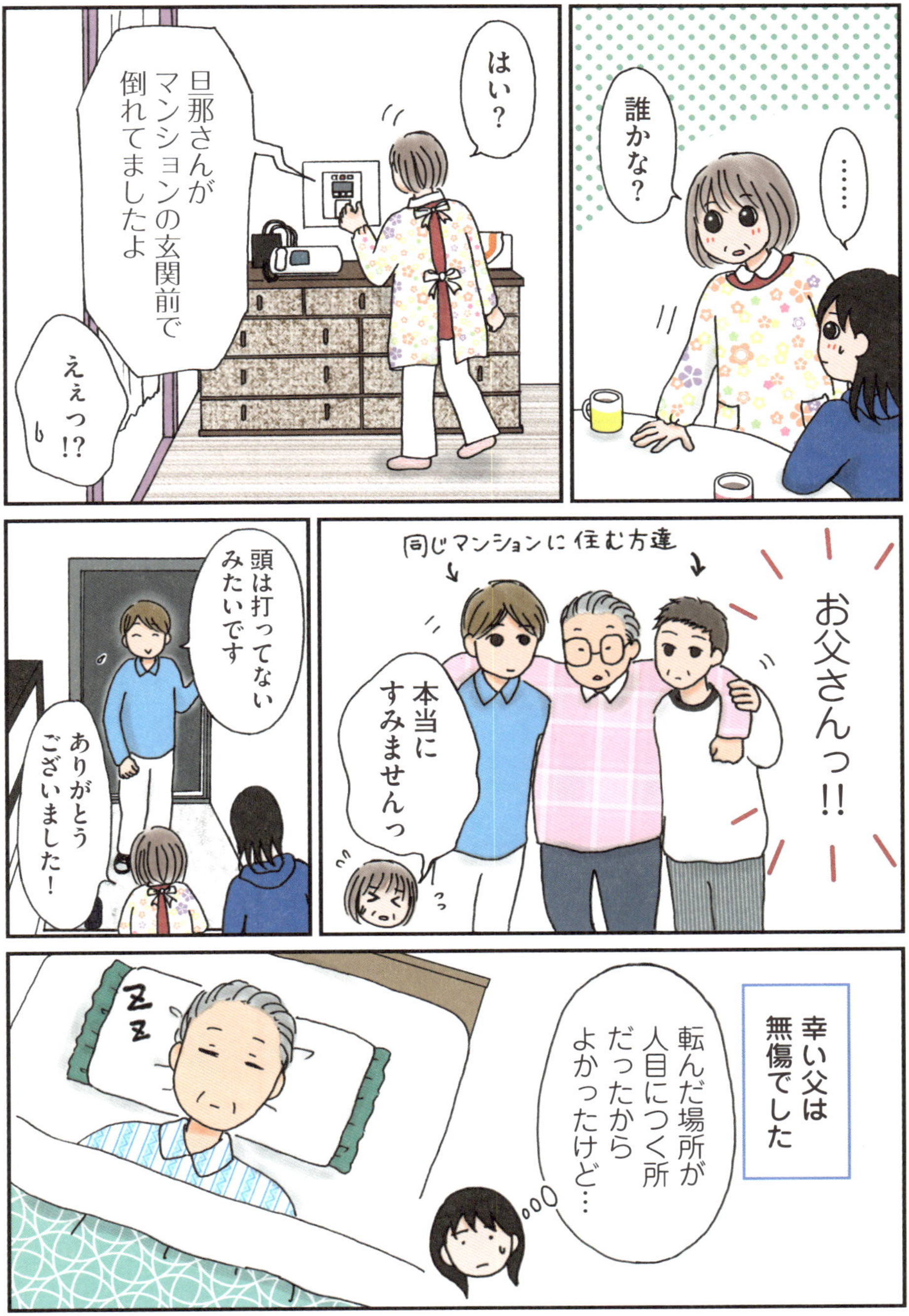
……
誰かな？
はい？
旦那さんがマンションの玄関前で倒れてましたよ
ええっ!?
同じマンションに住む方達
お父さんっ!!
本当にすみませんっ
頭は打ってないみたいです
ありがとうございました！
幸い父は無傷でした
転んだ場所が人目につく所だったからよかったけど…

はぁ――っ
助けていただけてよかった…
ほんとに…
ありがたい
だけどお母さんだけだったら
お父さん起こせないよね？
大きいし…
そうね
心配と不安がどんどん募っていく…
その翌日
あ

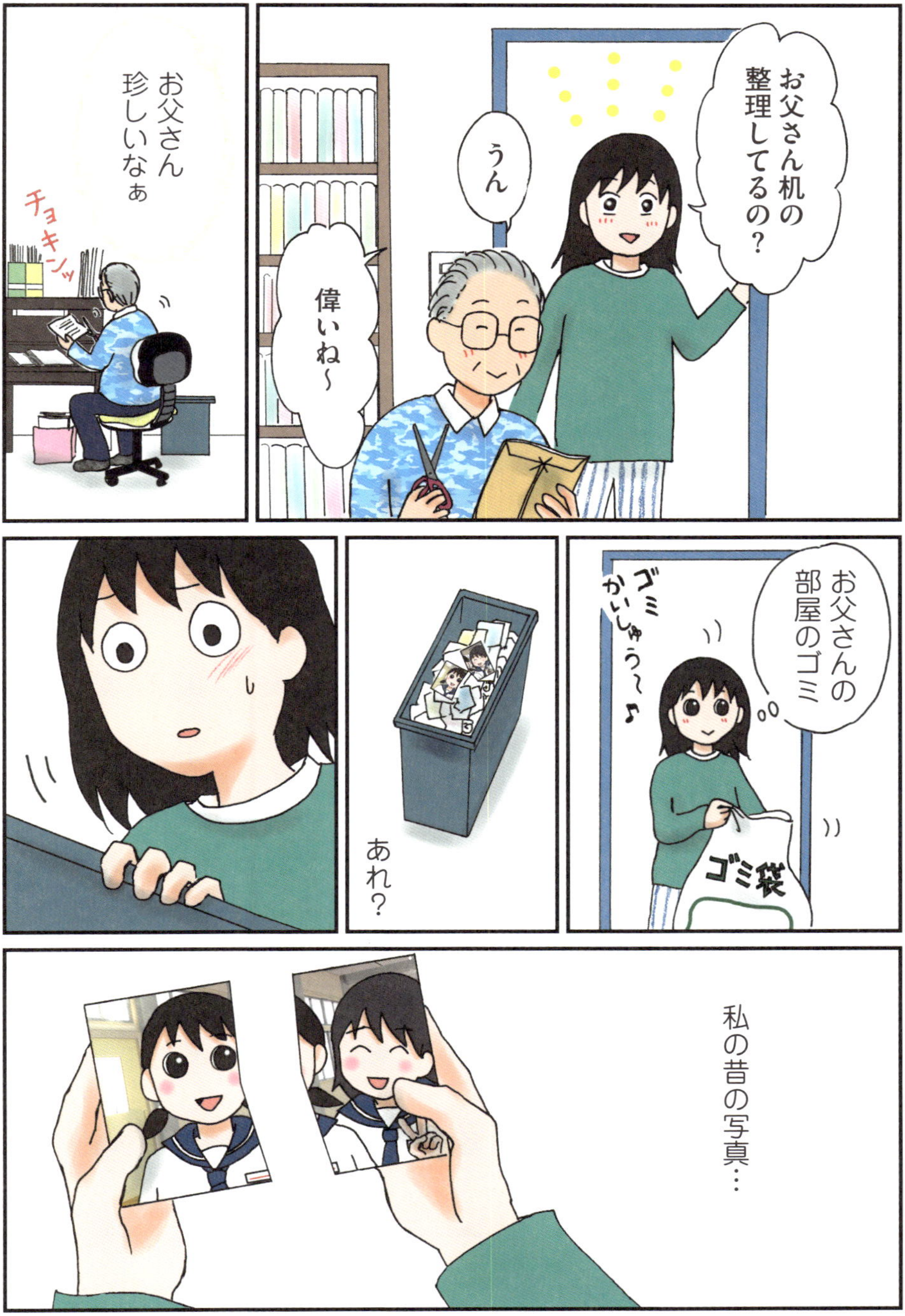
お父さん机の整理してるの？
うん
偉いね～
お父さん珍しいなぁ
チョキンッ
お父さんの部屋のゴミ
ゴミかいしゅう～♪
ゴミ袋
あれ？
私の昔の写真…

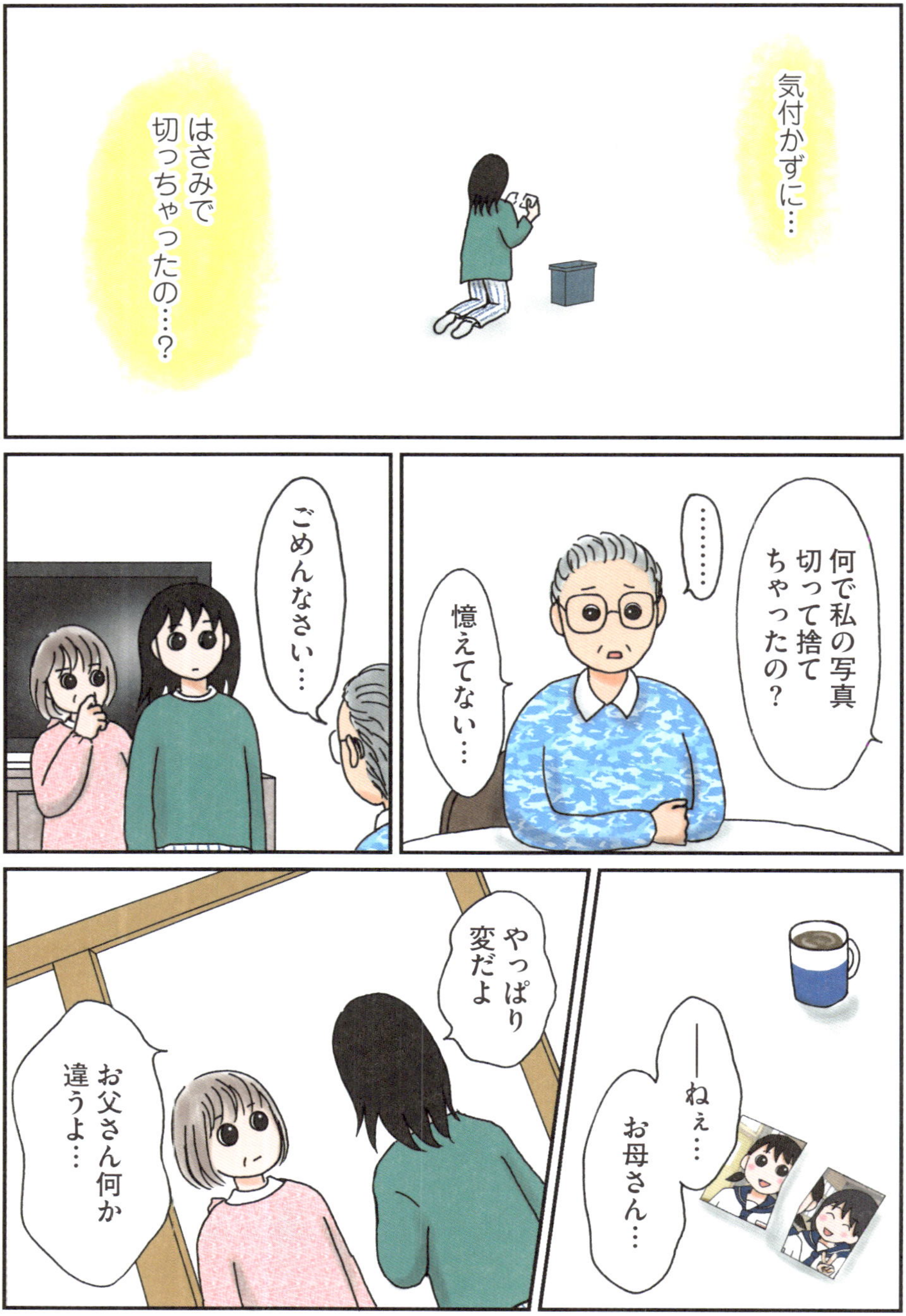
気付かずに…
はさみで切っちゃったの…?
何で私の写真切って捨てちゃったの?
………
憶えてない…
ごめんなさい…
——ねぇ…
お母さん…
やっぱり変だよ
お父さん何か違うよ…

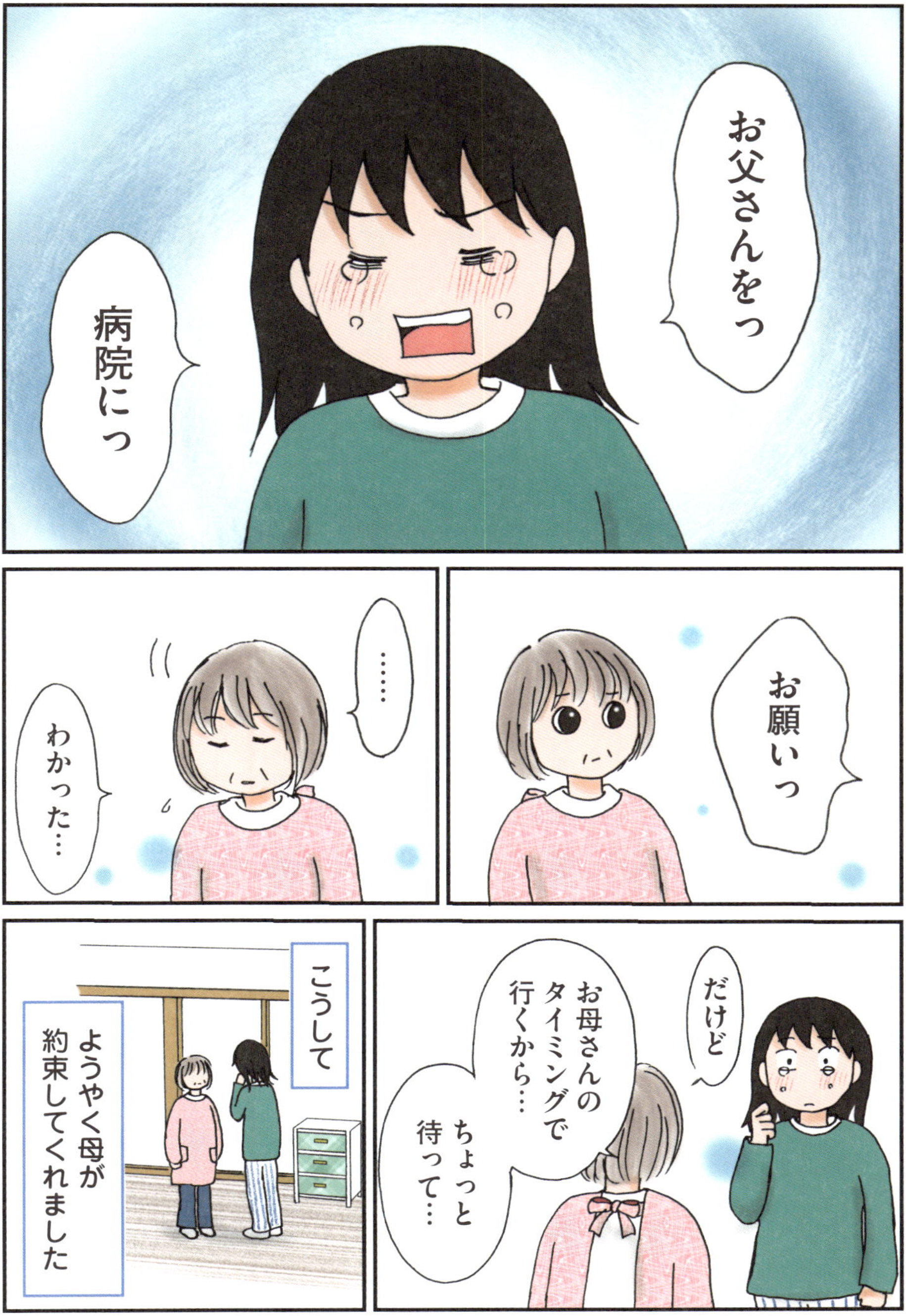
お父さんをっ
病院にっ
お願いっ
……
わかった…
だけど
お母さんのタイミングで行くから…
ちょっと待って…
こうして
ようやく母が約束してくれました

本音コラム

#1 気付けなかった両親の愛

私の両親はその当時では結婚が遅い方でした。子供を授かるのは難しいかもしれないとされていた両親のもとに私が産まれたのは父が50歳になる年。半世紀違いの我が子に出逢った喜びは父には表現しきれないものがあったようです。両親はもちろん祖父母や叔母からもたっぷりの愛情を独り占めして育ちました。

ところが小学生になると同世代の親御さんよりも自分の両親が高齢なことに恥ずかしさを感じるようになりました。

今でも忘れられないことがあります。小学生の頃劇団に所属していて劇団員同士で雑談する中、親の歳をひとりずつ発表する流れになったことがありました。他愛もない会話なのですが私にとってはとんでもない事態。次々と発表される年齢を聞きながら必死に考えて無難な年齢を言って何とか逃れたのです。

小学校の授業でも戦争体験を誰かに聞いてくるのが宿題になり私は戦争体験者である父に直接話を聞くことができました。ですが父に聞いたというと年齢がばれてしまうと思い親戚のおじさんに聞いた話として発表したのです。

他人と違うことに対しての周りの反応が怖くて隠していたんだと思います。

反抗期も小学校高学年から高校2年生までありました。父とはあまり喧嘩もしませんでしたが母は結構厳しかったので、母とはよく喧嘩をしていました。「大嫌い！」とか「勝手に私を産んだんでしょ！」とか散々酷い言葉をかけてしまったこともありました。実は家出未遂も何度か……。

そんな私が変わるきっかけがあったのは高校２年生の時です。アメリカでホームステイをして一緒に過ごしていく中で「あなたはご両親にほんとうに愛されてきたのね」とホストファミリーに言われたことがありました。どこかで感じていた両親の愛情でしたが、言われて初めて両親との生活を客観的に見られるようになったんです。離れて生活したことでありがたみも実感しました。やっと私は両親に対して思いやりが足りなかったことを反省したんです。両親の立場になってみて今まで色々なことが大変だったんだろうなぁと思うようになりました。

というわけで反抗期で両親に対して冷たくきつく接していた分を取り戻そうという想いで、今ふたりに接しています。

3章

「要支援」認定に…

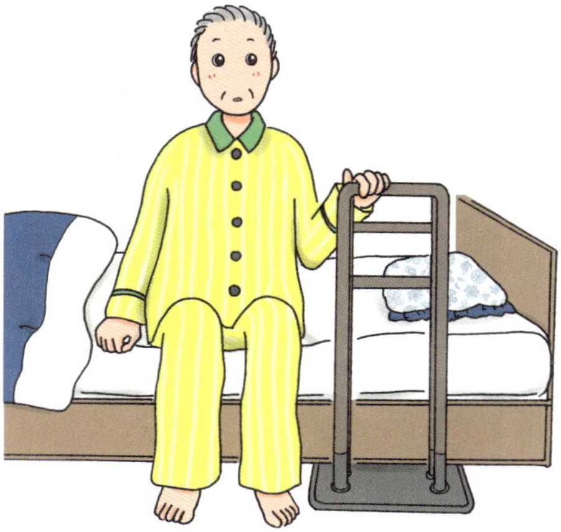

母が決心してから脳外科の先生に紹介状を書いていただきましたが
もの忘れ外来の予約はいっぱいで受診できたのは3か月後でした
お父さんはね前認知症
認知症の初期段階だって
………
そっか…
お父さんの反応は？
それが…喜んでたの
えっ？

なんかね 先生が「レーガン大統領も認知症だった」って話をしたら——
えらい人とおなじー
あははー
あ…そう…
もの忘れ外来では
先生から出される問題に次々と答えていくそうです
父は時刻を
P.M. 3:45
時計の針で表せませんでした
短針
長針
関連性の無い3つの単語も
梅・犬・自動車
桜・猫・電車
おぼえてますか？
記憶できませんでした
新しい情報は入りにくく
6:18
NEWS
無気力で物事を続けることができないという診断結果でした

やる気がないのも
前認知症
だからなんだ
そうみたい
原因が
わかって
よかった…
お母さん
ありがとう
お父さんの結果を聞いて
やっぱり…とも思うし
何でそうなったの?とも思う
20:02
は一っ
——だけど
目の前に
あった
もやもやが
やっと
すーっと
晴れた感じ

最近もの忘れひどくてさぁ
私 認知症なのかな？
やだ～まさか～
認知症とかって
あはははははは
なったらやばくない？
やだぁ～
………
笑えない!!
ぜんっぜん笑えない!!

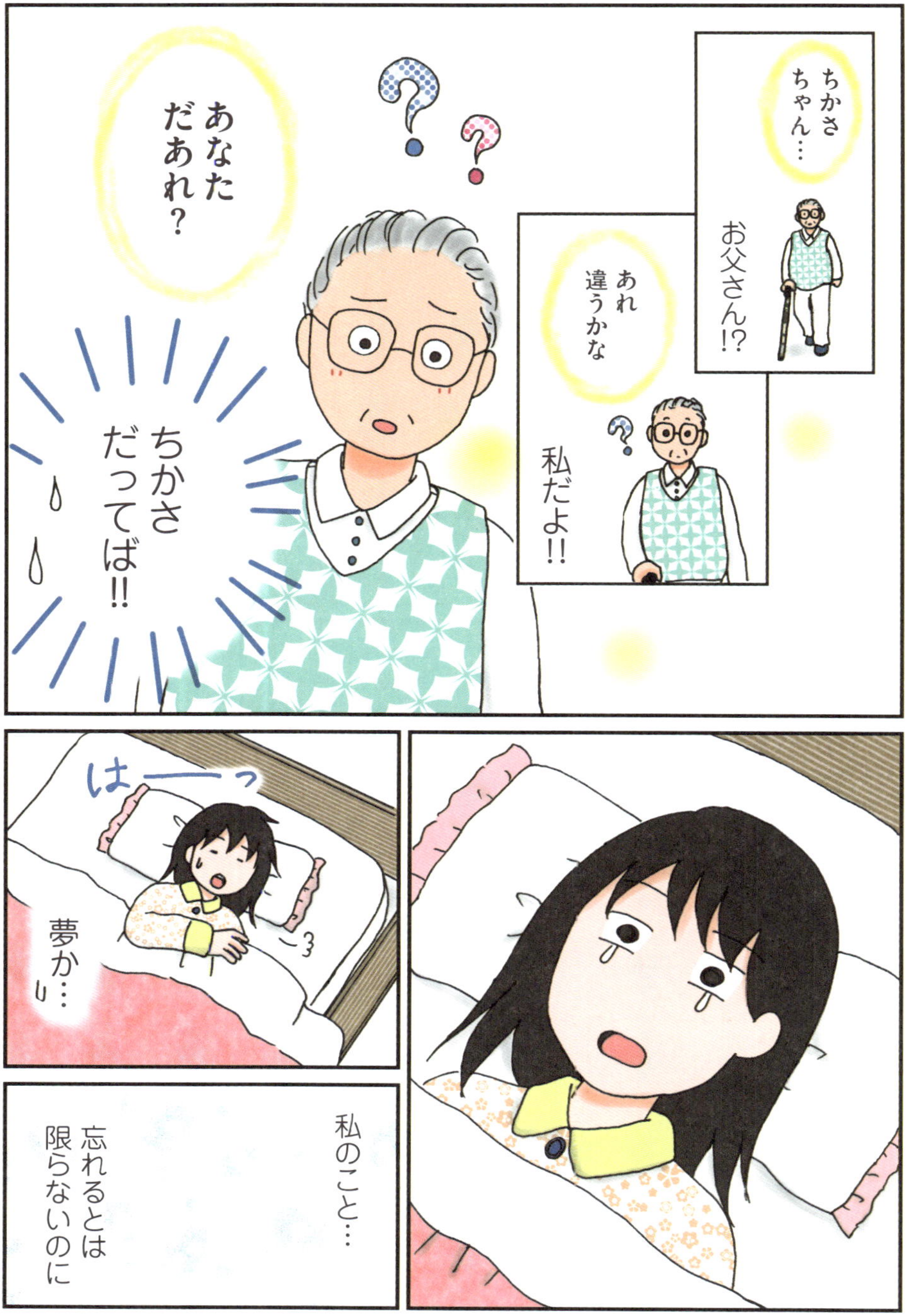
ちかさちゃん…
お父さん!?
あれ違うかな
私だよ!!
あなただあれ?
ちかさだってば!!
は――っ
夢か…
私のこと…
忘れるとは限らないのに

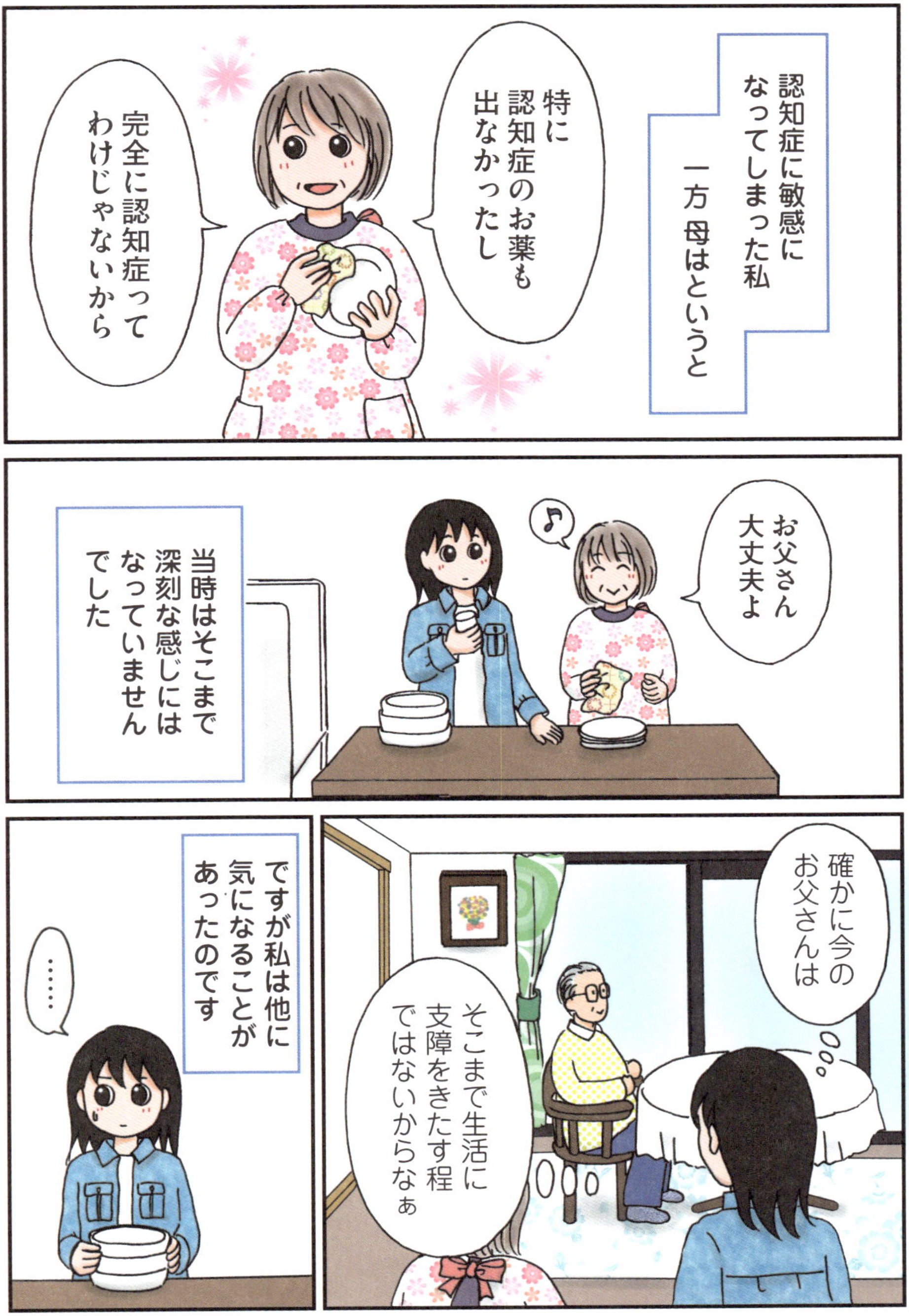
認知症に敏感になってしまった私 一方 母はというと
特に認知症のお薬も出なかったし
完全に認知症ってわけじゃないから
お父さん大丈夫よ
♪
当時はそこまで深刻な感じにはなっていませんでした
確かに今のお父さんは
そこまで生活に支障をきたす程ではないからなぁ
ですが私は他に気になることがあったのです
……

会うたびに肥えてる気がするっ!!
ぼよんっ
元々体格はいいのですが
若い頃
くも膜下出血で入院した時は痩せたのに
退院時
すっきり
67キロ
きづいたら…
86キロ
お父さんいつ産まれるの〜?
来月〜♪
…いや
おかしいっ!!

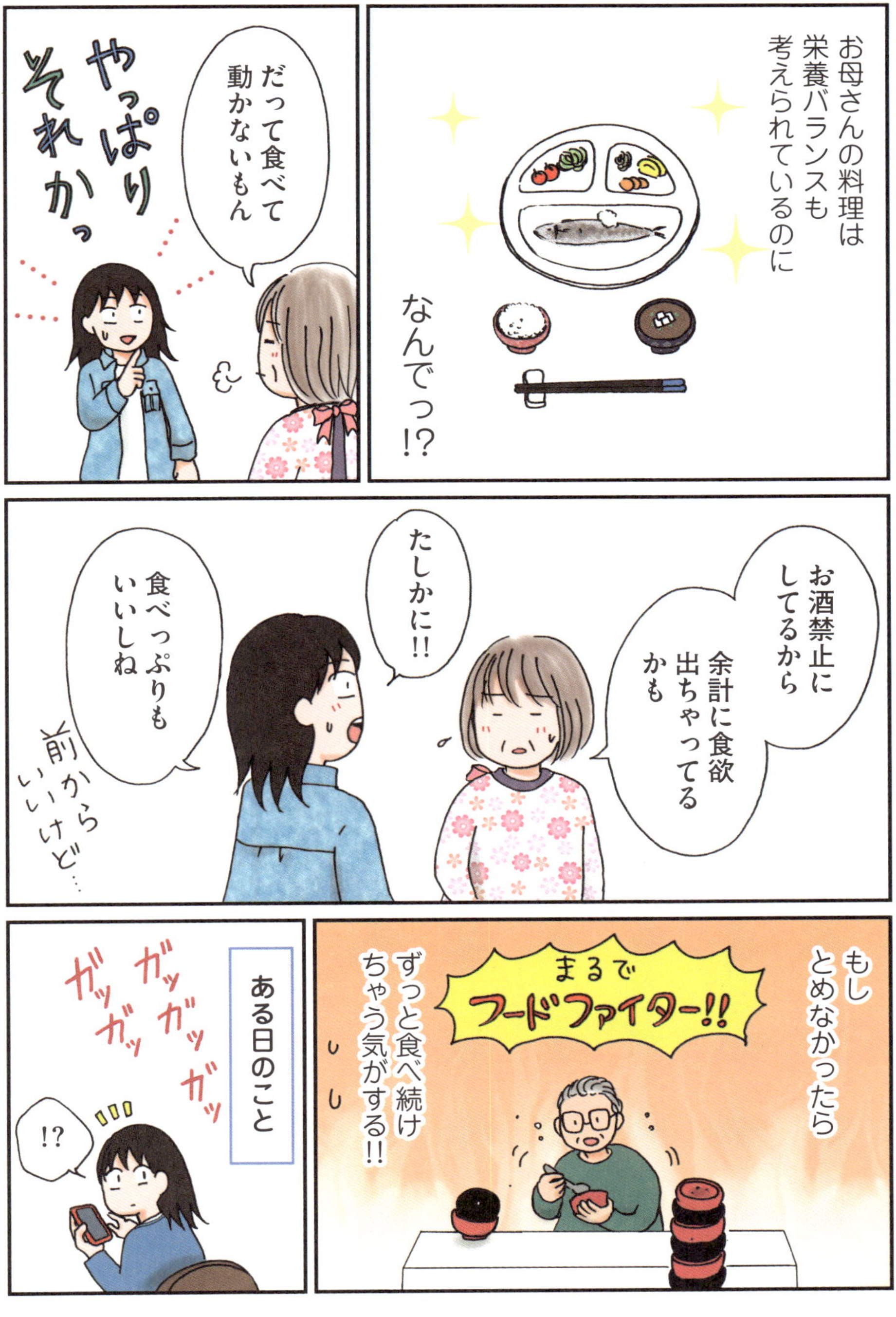
お母さんの料理は栄養バランスも考えられているのに
なんでっ!?
だって食べて動かないもん
やっぱりそれかっ
お酒禁止にしてるから余計に食欲出ちゃってるかも
たしかに!!
食べっぷりもいいしね
前からいいけど…
もしとめなかったら
まるでフードファイター!!
ずっと食べ続けちゃう気がする!!
ある日のこと
ガッガッガッガッ
ガッガッ
!?

ガッガッガッガッ
えっ!?
お父さんっ何してるのっ!?
砂糖…
コーヒーに入れようと思って…
…これ…
調理用のだからね
こっち使ってね
スティックシュガー

びっくりしたぁ…
えー!?
お父さんがお砂糖を!?
減ってる気がしておかしいと思ってたの
ふしぎで…
お父さん甘党だけど入れる量がおかしかった
気を付けないと危ないかも
お菓子もテーブルに置いておくと
どら焼
いつの間にかなくなってるの
甘い物見つけることに関してはしっかりしてるのよねぇ
ちゃんと見てるわ

それから私達は
父の体のことを考えて
缶の中
引き出しの中
お菓子の場所が
わからないように
工夫することに
しました
お酒のように
全部禁止に
してしまうのは
しゅん…
かわいそう
なので
お皿に
取り分けたり
はい
お父さん
直接渡すように
したりしました
はい
どうぞ

ところが…
あれ？お父さん？
お母さんの分のお弁当は？
……
買ってきたやつ
食べたよ
えっ⁉
びっくりしたの
まさか2個もお弁当食べちゃうなんて〜〜〜‼
それは…やばいね…
食欲もおかしいけど
何でお母さんの分ってことを考えなかったのか
どうなってるの？お父さんの頭の中

父は体が大きいので入浴も大変でした
お父さん！
お風呂入る準備して～
お風呂が大好きな父をなるべく湯船に浸からせてあげたくて
お風呂用の椅子を
浴そうの中に入れて
その椅子に座ってもらっていました
椅子から降りちゃだめだよ！また後で来るからね！

数分後
コンコン
お父さん入るよー
え〜〜〜っ何で椅子から降りちゃったのぉ
肩まで浸かりたいのわかるけどさ…
こうなってしまったらさらに大変なんです

〜〜〜〜〜っ
湯船から出るの大変になっちゃうから
困るのよね
ぷはぁ…
脚の力が無いから踏ん張れないし
はいお父さんがんばって！
数十分後
支えるから脚あげて！
もったいないけどお湯抜こう

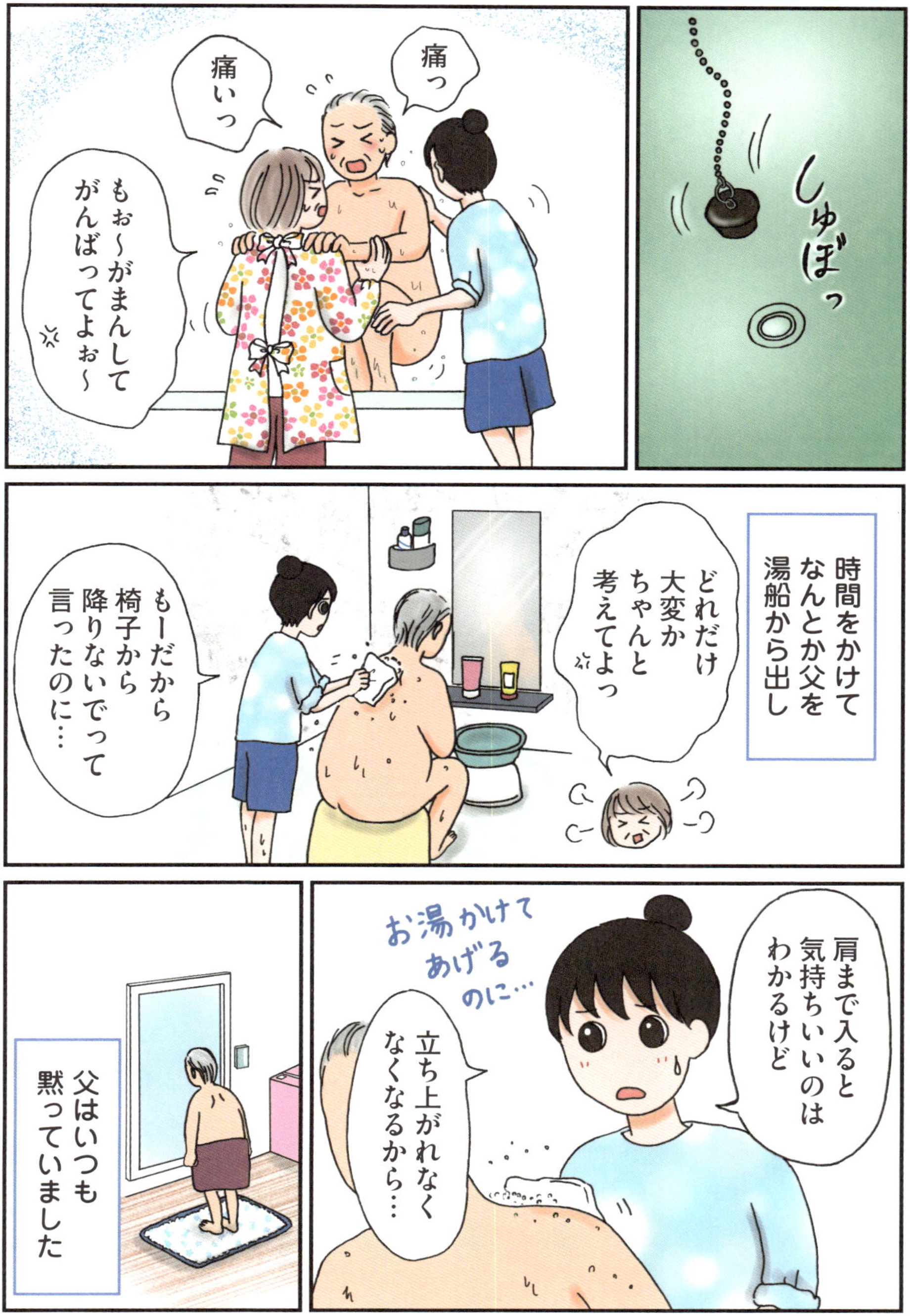
しゅぽっ
痛っ
痛いっ
もぉ～がまんしてがんばってよぉ～
時間をかけてなんとか父を湯船から出し
どれだけ大変かちゃんと考えてよっ
もーだから椅子から降りないでって言ったのに…
肩まで入ると気持ちいいのはわかるけど
立ち上がれなくなるから…
お湯かけてあげるのに…
父はいつも黙っていました

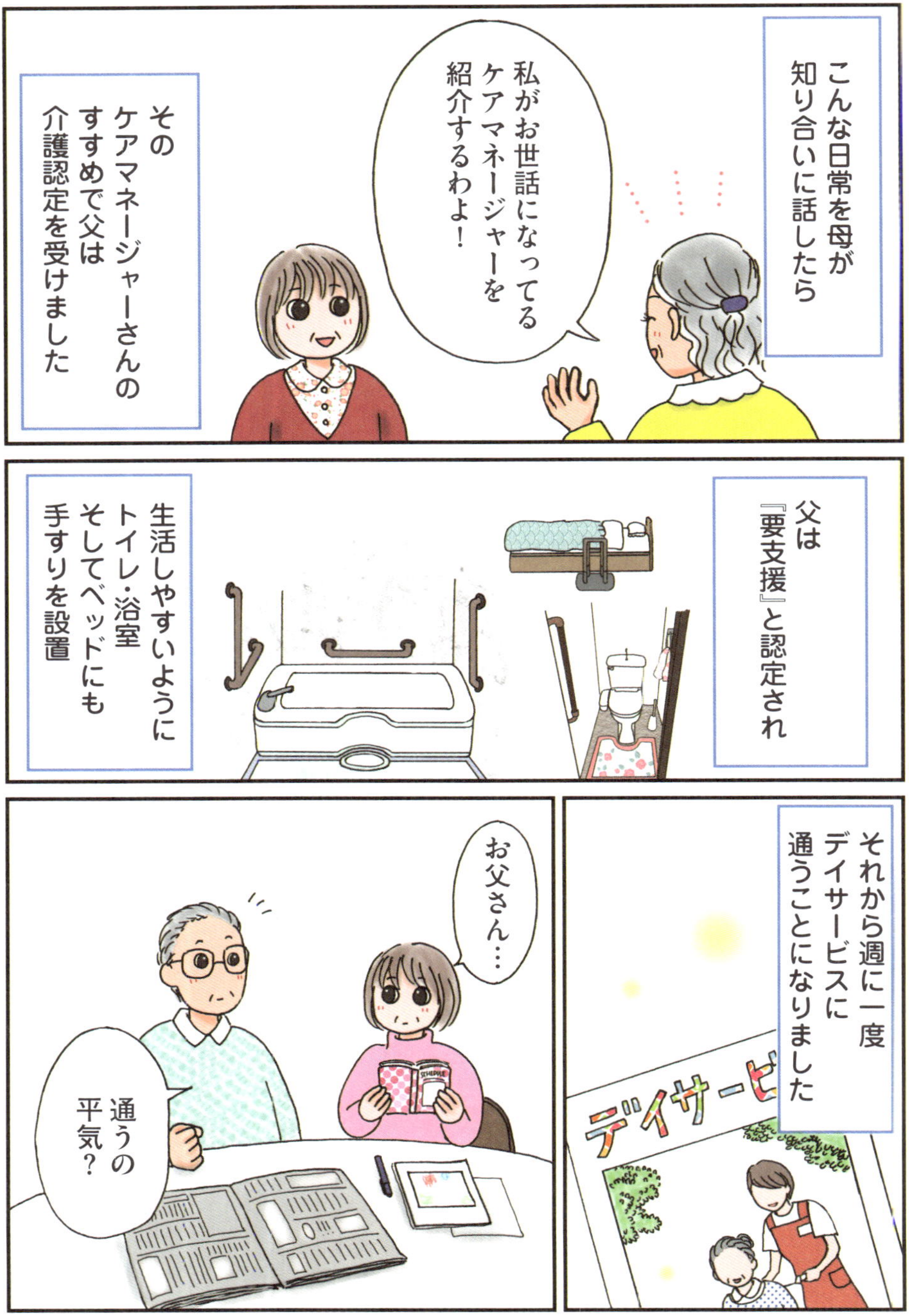
こんな日常を母が
知り合いに話したら
私がお世話になってる
ケアマネージャーを
紹介するわよ！
その
ケアマネージャーさんの
すすめで父は
介護認定を受けました
父は
『要支援』と認定され
生活しやすいように
トイレ・浴室
そしてベッドにも
手すりを設置
それから週に一度
デイサービスに
通うことになりました
デイサービ
お父さん…
通うの
平気？

うん
平気だよ
この時の母には複雑な思いがあったそうです
SCHEDULE
母が祖母（実母）を介護していた時
あなたの負担が減るのなら
デイサービスに行くわ
おばあちゃん…

デイサービスセンター
デイサービスセンター
おばあちゃん大丈夫かしら?
体操
……
しかたなく合わせてる…そんな感じに見えて

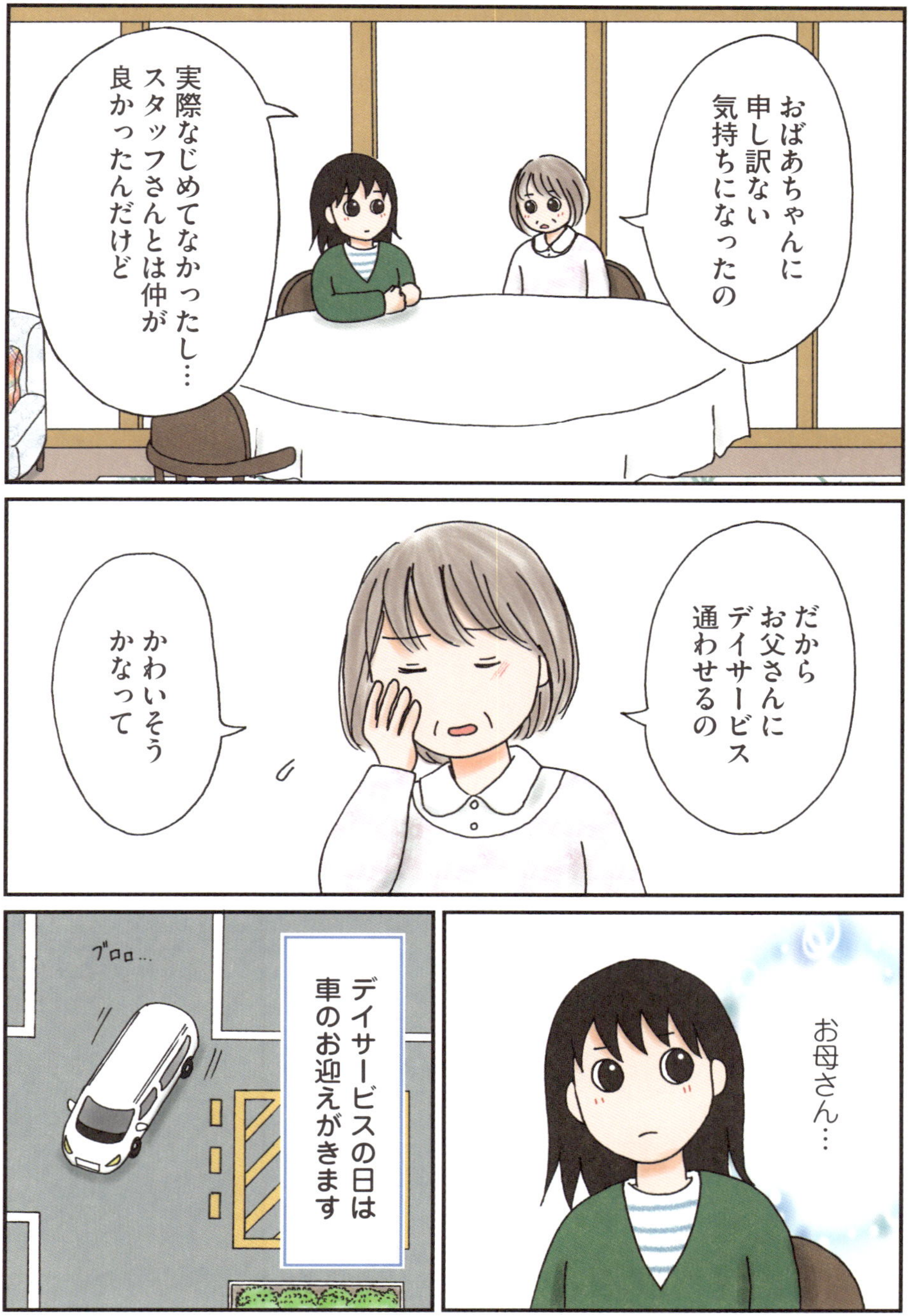
おばあちゃんに申し訳ない気持ちになったの
実際なじめてなかったし…スタッフさんとは仲が良かったんだけど
だからお父さんにデイサービス通わせるの
かわいそうかなって
お母さん…
ブロロ…
デイサービスの日は車のお迎えがきます

ベランダからおみおくりっ
あんなに優秀だった人が…
まさかこんな風になるなんて…

でもね こうやってお父さん送り出した後ほっとするの
やっと自分のことできるーって解放された感じ
少し体も楽になってきてるし
——でもそう感じてしまうのは
なんだかお父さんに悪いなって
そんな気持ちになるの…
ブロロ…

お父さんを
デイサービスに通わせることに
こんなにも
罪悪感を感じてるんだ…
お父さんね

デイサービスでお風呂に入れてもらえるの
嬉しいって言ってたよ
だからお母さんそんなに自分を責めないで
ありがと…

本音コラム

#2 親の老いに向き合うこと

私が大学進学で上京して両親と離れて暮らすことになってから、更にありがたみを実感するようになりました。

そんな中、以前からずっと健康で元気な父がまさかくも膜下出血になるなんて夢にも思っていなかったので、あの時は本当に信じられない気持でいっぱいでした。高齢な両親とはもしかしたら早くにお別れがくるかもしれない。ひとりっこだし、いつかは一人で生きていかなくてはいけない。そんな風に思うのが私の中では当然となっていたはずなのに……。いざ父の病気に直面したら全然受け止めきれなかったです。

父が入院中に手術を振り返って「そう言えばお兄さんたちに会ったけど、まだ来ちゃだめだよと言われた」という話をしたことがあり、ぞくっとしました。天国のお兄さんたちがいる方に行きそうだったんだな……と。父を守っていただき、命を救っていただいたんだと母とふたりで心から感謝をしました。

それからは病院に通い父を励ます日々。母も当時は「娘もまだ大学生だから、お父さんには 頑張ってほしい」そんな気持ちが強かったと言います。母と励まし合いながら、愛は必ず通じると信じて病院に通っていたことが、私たちの絆をより一層深めたのでしょう。

そのため退院後も、父の急速な老いを感じてからは父には頑張ってほしい、もっと若々しくいてほしいなどと私は要求度が高くなってしまっていたかもしれません。人によって老い方は全然違うのですが祖父母の老い方も身近で見ていましたので、つい父と比較をしてしまったりして。

それに私の中で父は偉大で何でもできる頼れる存在だったんだと思います。だからこそ想定外の速さでの老い方を見て愕然としたんです。現実を受け入れるのには本当に時間がかかりました。父と認知症が結びつくなんて夢にも思わなかったです。

4章

募るもどかしさ

それからどんどん深刻化していったのは父のトイレの問題です
安心
パンツタイプ
LL
サイズ
トイレに間に合わないことも増えてきたので紙パンツの生活になりました
お父さんパンツの中身大丈夫？
……
大丈夫だよ
全然大丈夫じゃないじゃないっ
ずっしり
もぉ〜〜
パッドにもたくさんおしっこ入ってるし〜
においが…

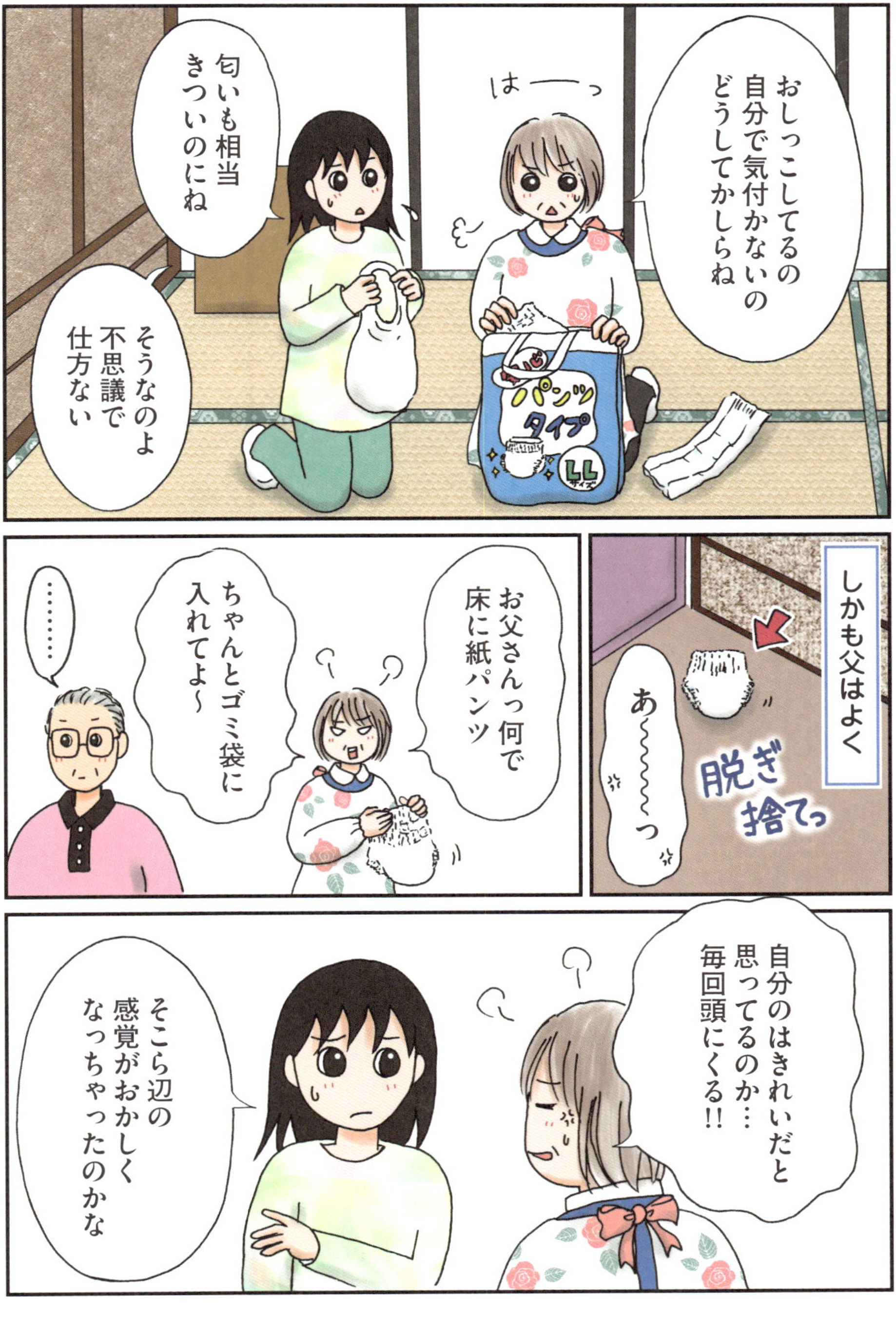
おしっこしてるの自分で気付かないのどうしてかしらね
は——っ
匂いも相当きついのにね
そうなのよ不思議で仕方ない
パンツタイプ
LL
しかも父はよく
脱ぎ捨てっ
あ〜〜〜っ
お父さんっ何で床に紙パンツ
ちゃんとゴミ袋に入れてよ〜
……
自分のはきれいだと思ってるのか…毎回頭にくる!!
そこら辺の感覚がおかしくなっちゃったのかな

はいっゴミ
お願い!!
ゴミ袋
ゴミ袋
ずしっ
ひーっ
紙パンツって
重いっ!!
ゴミ袋
ゴミ袋
私がいる
タイミングで
ゴミ出しできる
時はいいけど
ふぅーっ
お母さん毎回
大変だよなぁ
ちょっと
お父さん!!
どうして
おねしょした上に
寝ちゃったの!?
パジャマまで
水浸し
じゃないっ!!

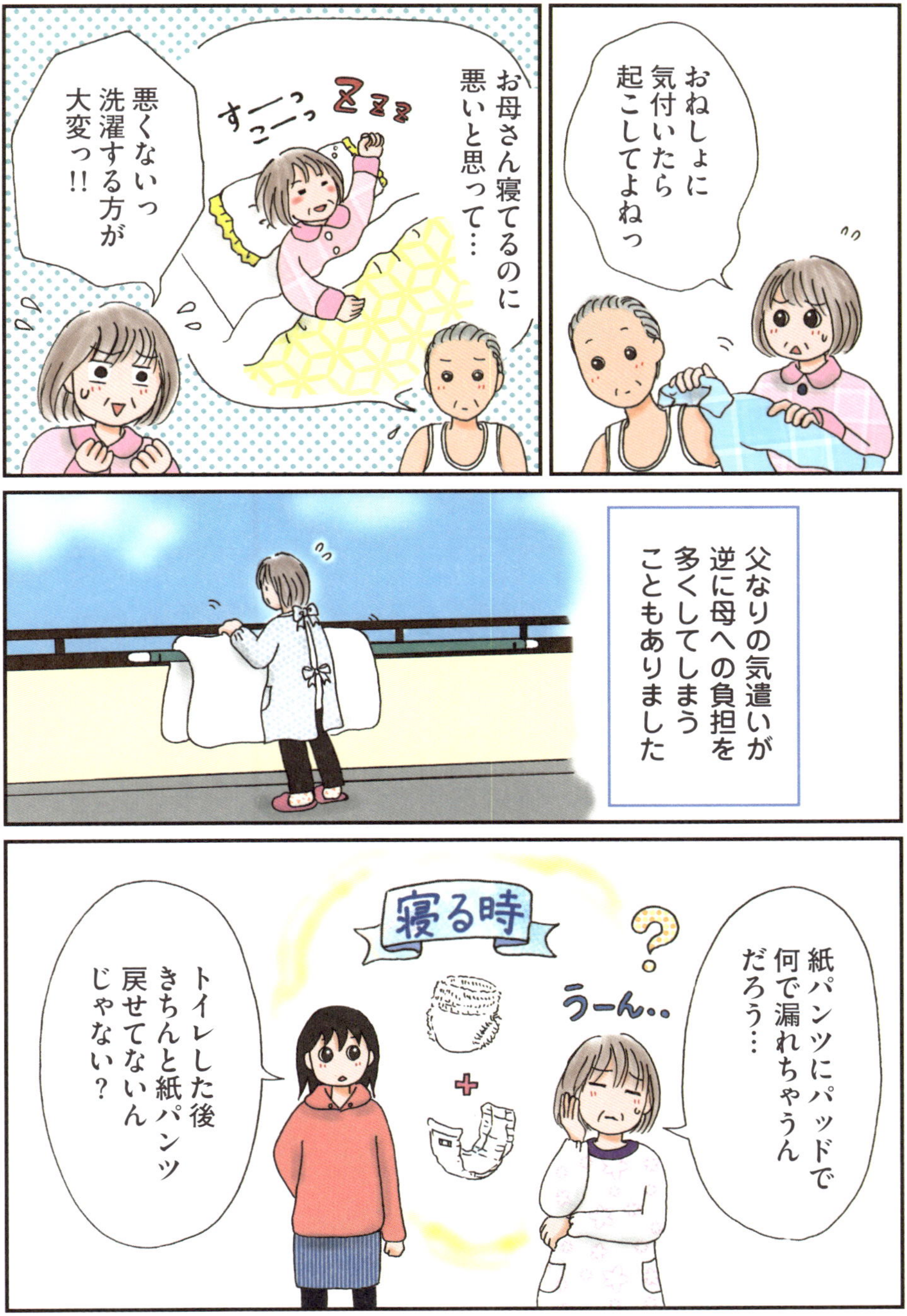
おねしょに気付いたら起こしてよねっ
お母さん寝てるのに悪いと思って…
すーーっ こーーっ
ZZZ
悪くないっ洗濯する方が大変っ!!
父なりの気遣いが逆に母への負担を多くしてしまうこともありました
紙パンツにパッドで何で漏れちゃうんだろう…
うーん..
寝る時
トイレした後きちんと紙パンツ戻せてないんじゃない？

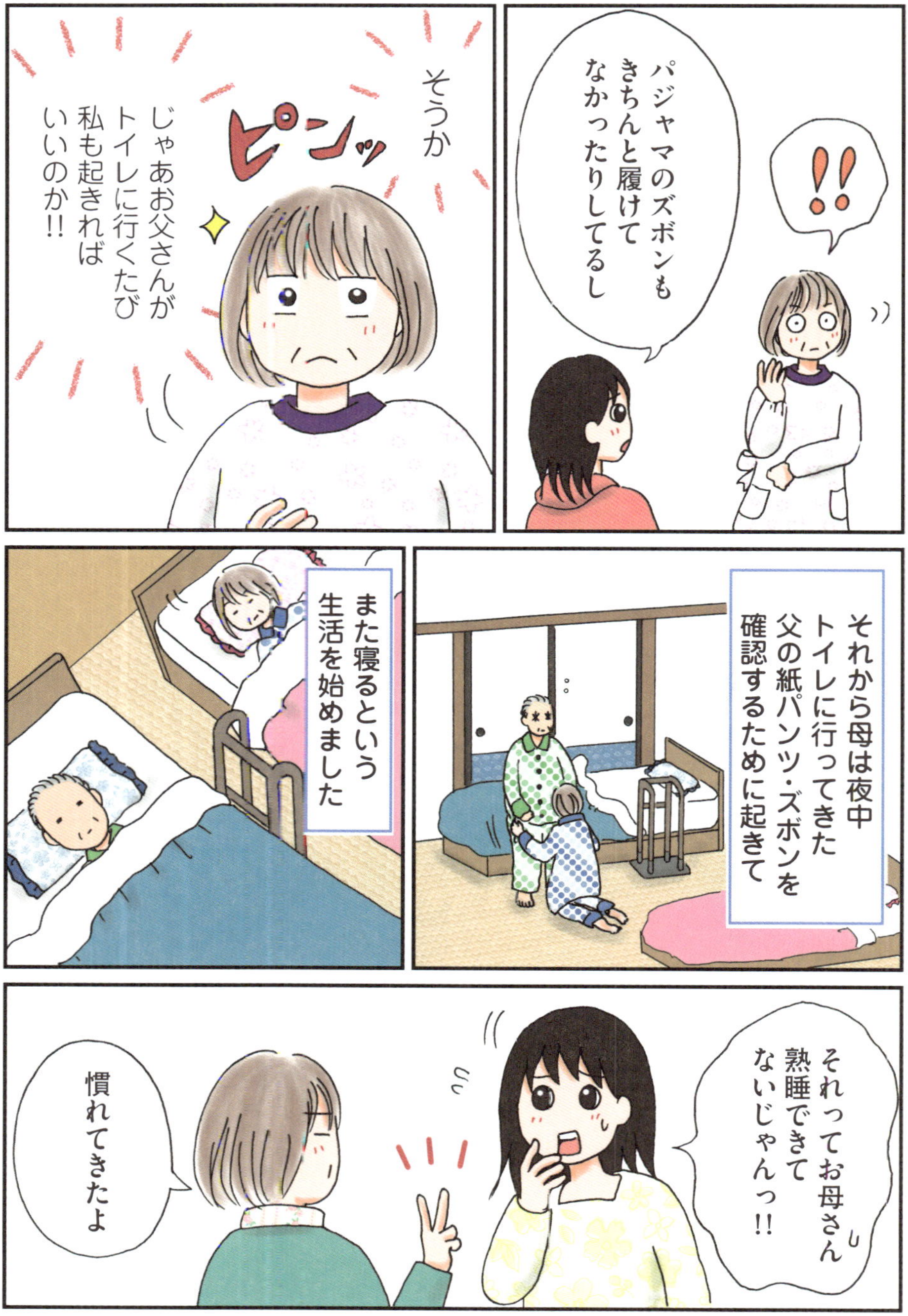
!!
パジャマのズボンも
きちんと履けて
なかったりしてるし
そうか
ピンッ
じゃあお父さんが
トイレに行くたび
私も起きれば
いいのか!!
それから母は夜中
トイレに行ってきた
父の紙パンツ・ズボンを
確認するために起きて
また寝るという
生活を始めました
それってお母さん
熟睡できて
ないじゃんっ!!
慣れてきたよ

大丈夫!!
それにね…
ガサッ
慣れって…
これも
使おうかなって
男性用
尿とり
パッド
あ
おじいちゃんも
使ってたやつだ
これで
おちんちん
くるめば
きっと
漏れないと
思うの
ふぅーーっ
色々と
考えたね…
泣けるわぁ
お父さん
寝る準備
しましょ!
寝る前に別のタイプの
尿取りパッドを追加
することにしました

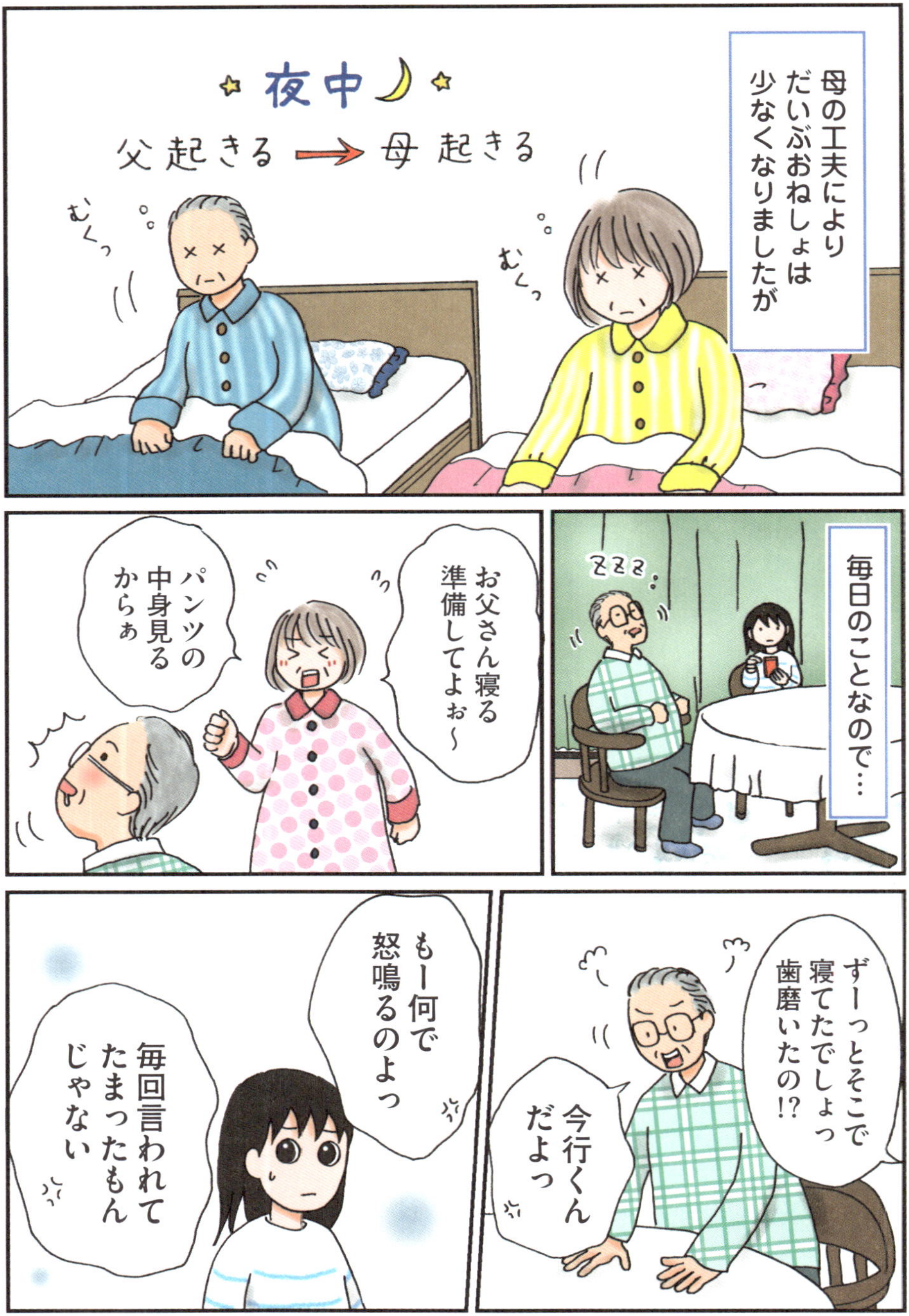
母の工夫により
だいぶおねしょは
少なくなりましたが
夜中
父起きる → 母起きる
むくっ
むくっ
毎日のことなので…
ZZZ
お父さん寝る準備してよぉ～
パンツの中身見るからぁ
ずーっとそこで寝てたでしょっ歯磨いたの!?
今行くんだよっ
もー何で怒鳴るのよっ
毎回言われてたまったもんじゃない

お互いに怒鳴り合うことが増えていきました
お父さんもお母さんも
お互いにイライラしてしまう
本当は怒鳴りたいわけじゃないだろうけど
こんな光景前までは想像できなかったな
どうして
こんなことに…

BAR
えー毎月実家帰ってるの？
そんなに!?
私なんて正月帰るかくらいだよ～
いいなぁ実家って楽できるよね～
わかる～だらだらのんびりできるし！
…
同世代の親御さんは私の両親よりも若い世代が多く大半がそういう反応でしたが
私はのんびりするために実家に帰るわけじゃない
そんなに親しくない人には別に家族のことは話したくないし
実際 私は複雑な心境でした

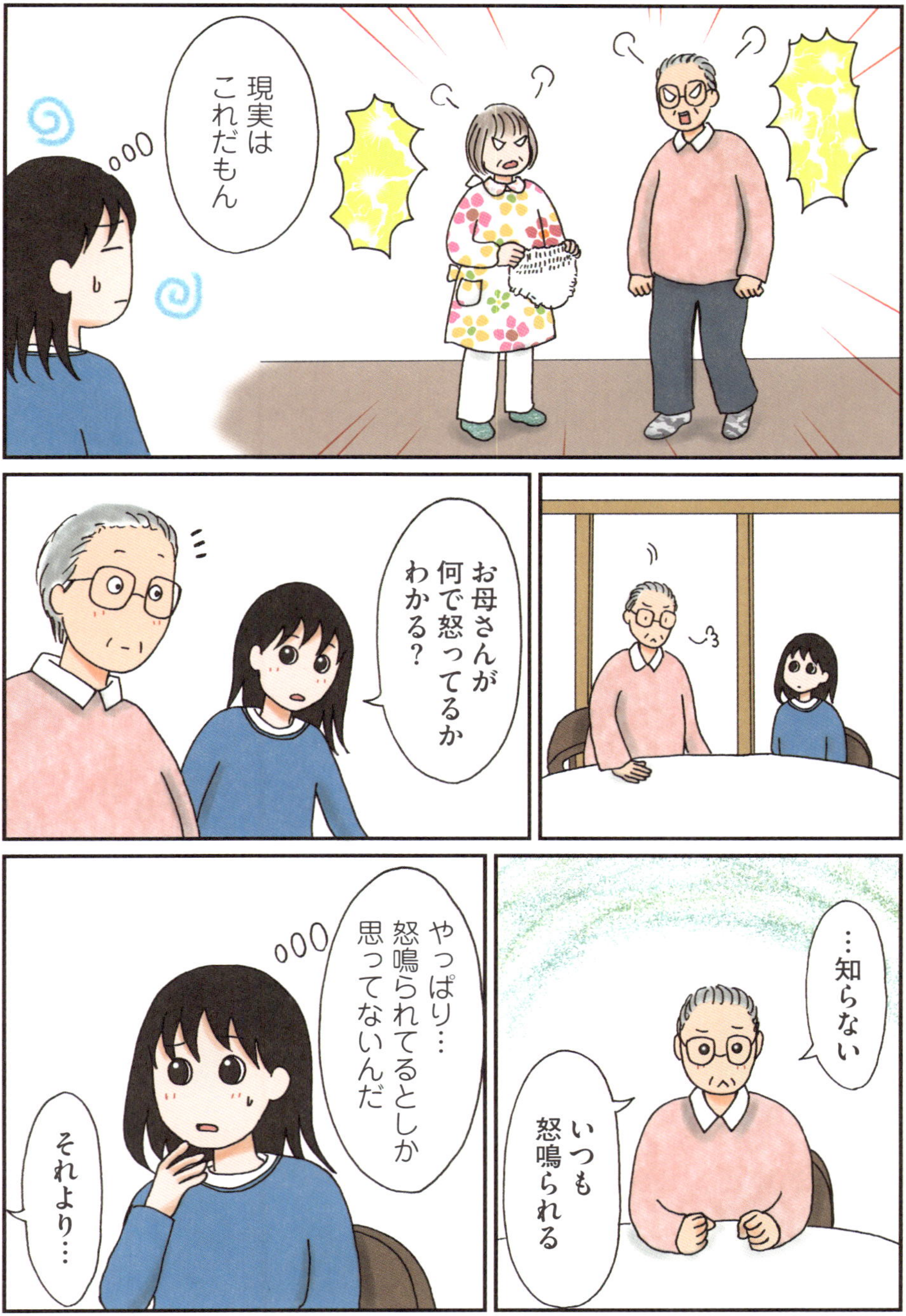
現実はこれだもん
お母さんが何で怒ってるかわかる？
…知らない
いつも怒鳴られる
やっぱり…怒鳴られてるとしか思ってないんだ
それより…

お母さんにお金とられちゃったんだ
全然無くて
困ってるんだよ
以前まで家計は父が管理していました
前認知症って言われたし管理した方がいいよ!!
お父さん大丈夫よ
いやダメだって!!
これがきっかけで母がやることに
お母さんは慣れない家計管理と
毎日一生懸命介護してるのに…

お母さんがお金とるわけないじゃんっ!!
お父さんのために一生懸命やってるのにっ
お金欲しいんだよ…
タクシー代は持ってるでしょ!? もっと何に必要なの!?
さすがにこの時は頭にきて 私も怒鳴ってしまいました
ちかさちゃんに言えばお金もらえるって思ったのかな
そうかも急に言い出すからびっくりした
あれ? お父さんトイレから戻ってきてない?
ほんとね

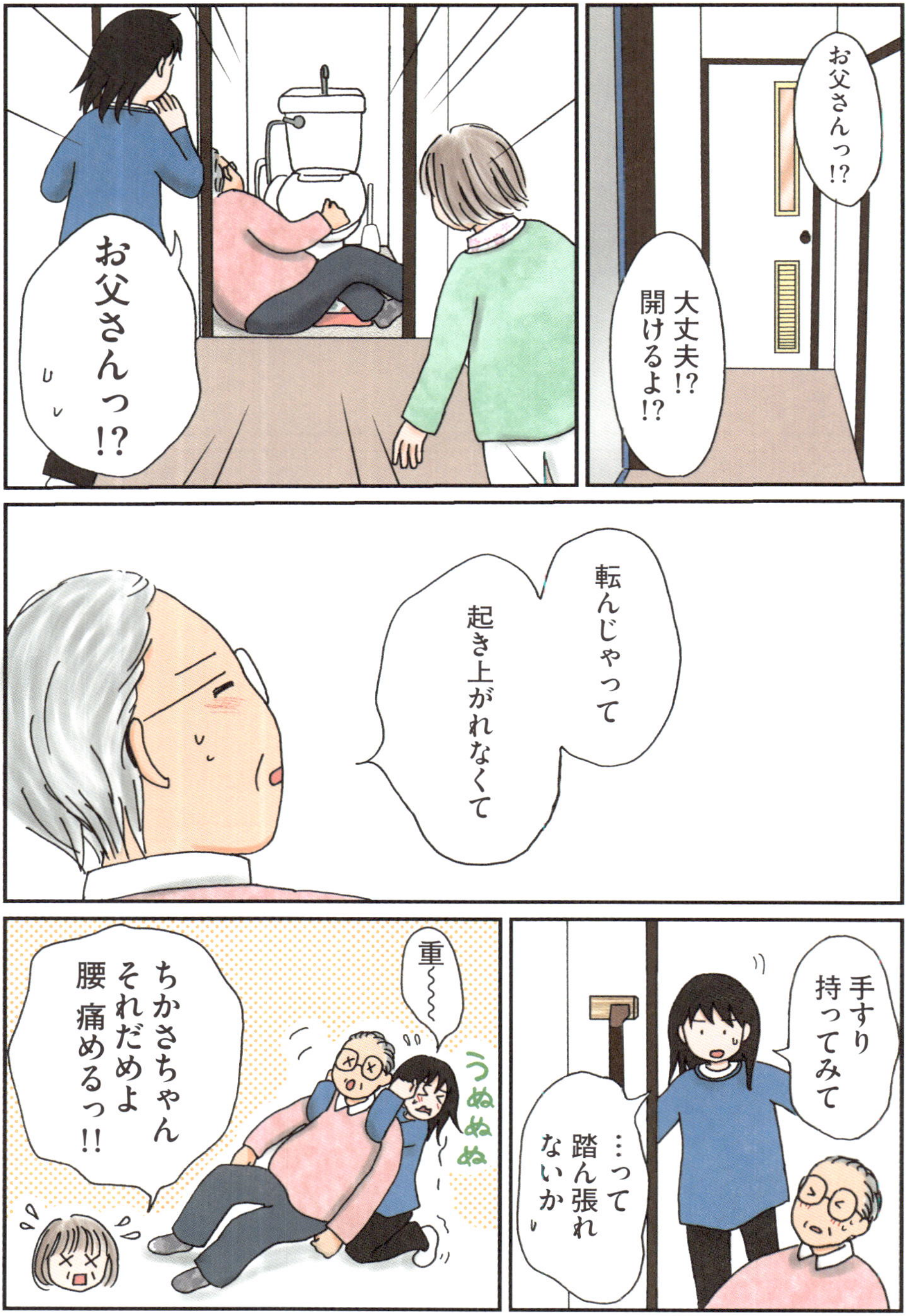
お父さんっ!?
大丈夫!? 開けるよ!?
お父さんっ!?
転んじゃって 起き上がれなくて
手すり持ってみて
…って踏ん張れないか
重〜〜〜
うぬぬぬ
ちかさちゃん それだめよ 腰痛めるっ!!

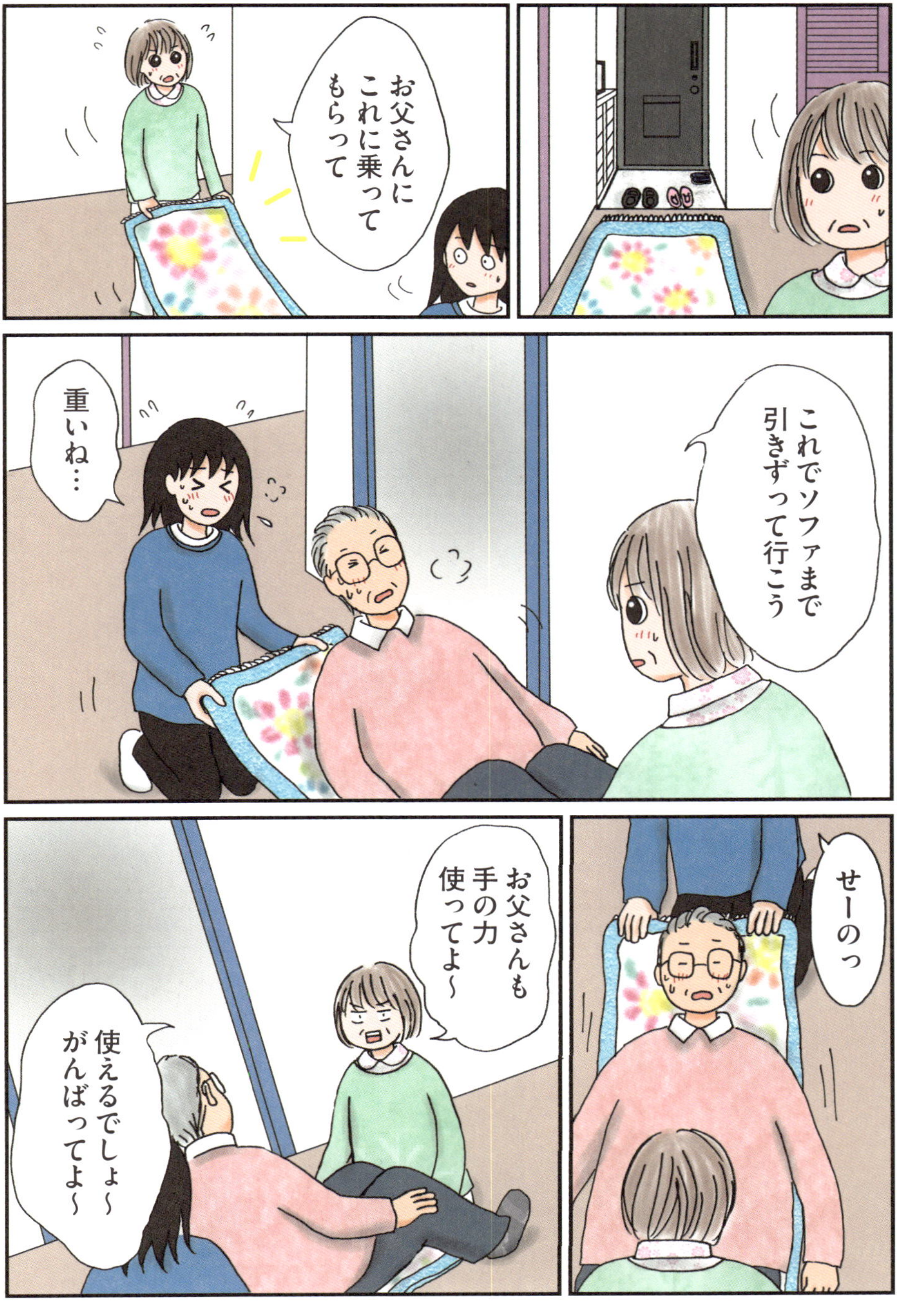
お父さんに
これに乗って
もらって
これでソファまで
引きずって行こう
重いね…
せーのっ
お父さんも
手の力
使ってよ～
使えるでしょ～
がんばってよ～

せーのっ
はあ　はあ
はあ
はあ
はあ
手も足も
お父さん
使えるんだから
少しは協力的に
なってよ
使わないと
ほんとに
どんどん
使えなく
なっていくよ

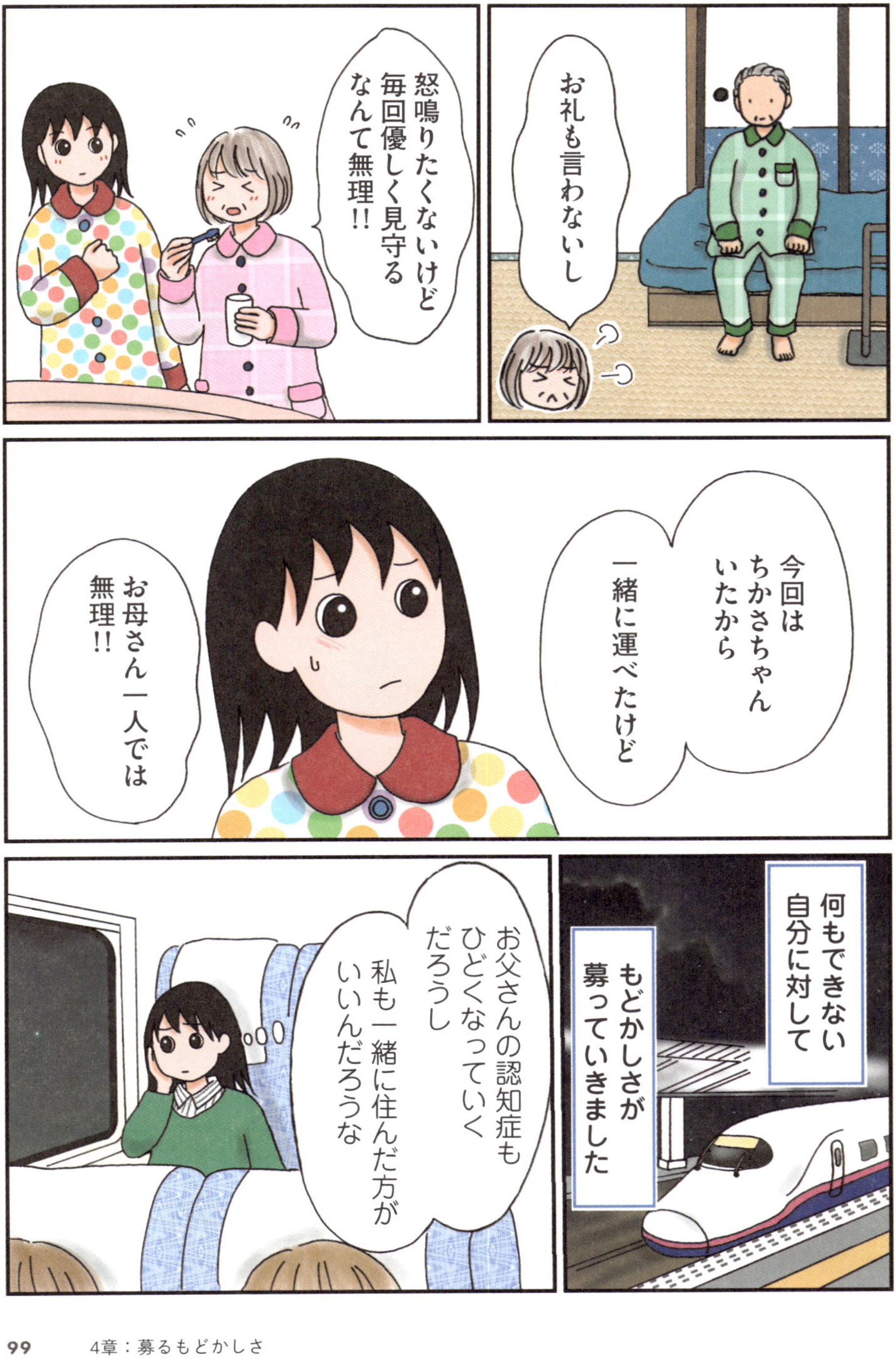
お礼も言わないし
怒鳴りたくないけど毎回優しく見守るなんて無理!!
今回はちかさちゃんいたから一緒に運べたけど
お母さん一人では無理!!
何もできない自分に対して
もどかしさが募っていきました
お父さんの認知症もひどくなっていくだろうし
私も一緒に住んだ方がいいんだろうな

そしたら今の生活は
全て変わるな…
…
なんか…気分悪い…
すみません午前中お休みさせてください
会社にTEL
寝れば治るはず!!
午後から出社しようとしたのですが
やっぱり気持ち悪…
大丈夫ですか!?

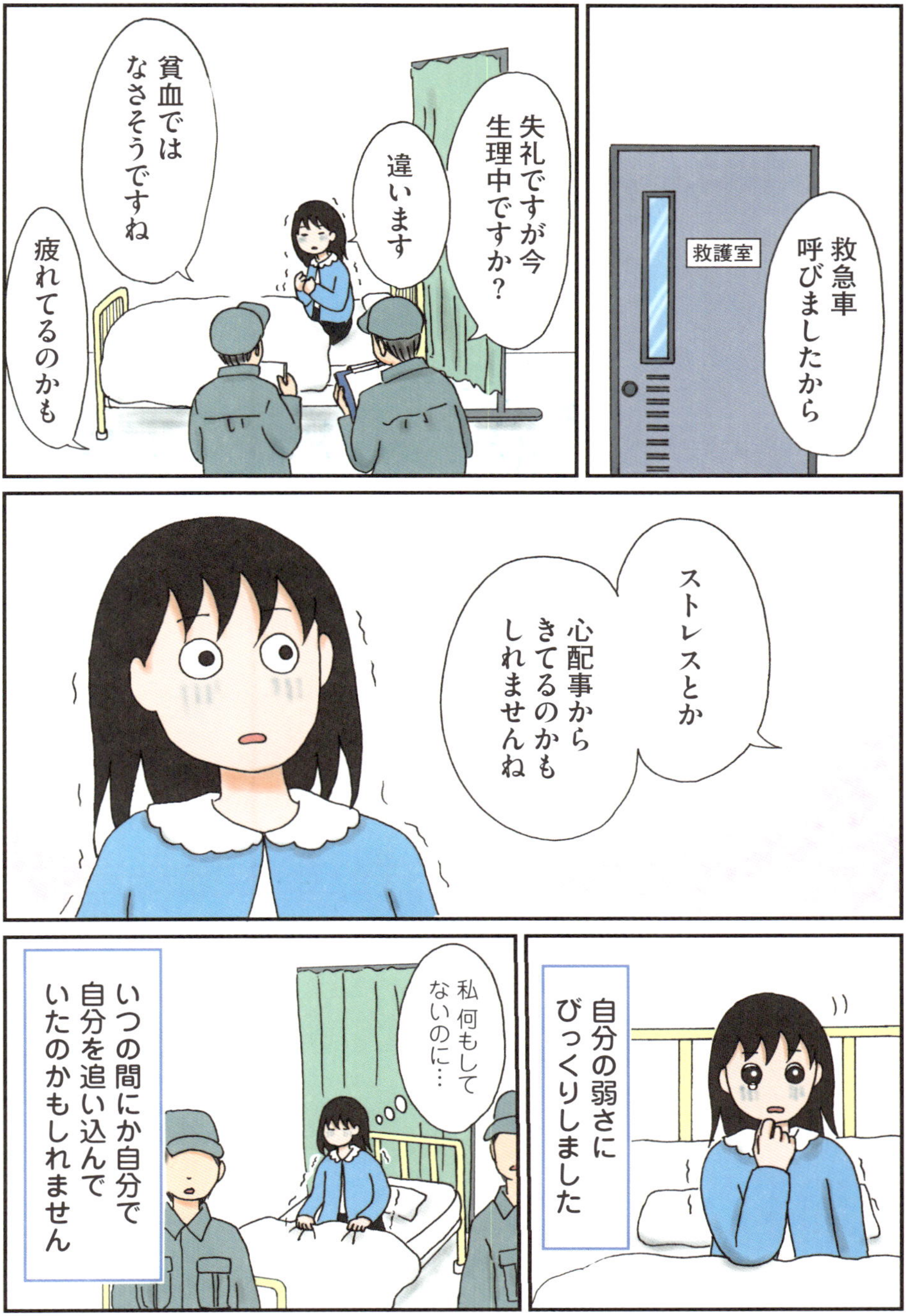
救護室
救急車呼びましたから
失礼ですが今生理中ですか?
違います
貧血ではなさそうですね
疲れてるのかも
ストレスとか
心配事からきてるのかもしれませんね
自分の弱さにびっくりしました
私何もしてないのに…
いつの間にか自分で自分を追い込んでいたのかもしれません

まだ東京でがんばりなさい!!
お母さんは大丈夫だから!!
え…
でも…
この前お父さん転んだ時にもう無理って
それは毎回思うし
そりゃああなたが側にいたら心強いに決まってるじゃない
毎月仙台に来て買い物を手伝ってくれたり
お母さんのこともお風呂に入れて背中流してくれたり
何よりもお母さんの話聞いてくれるのが嬉しいし

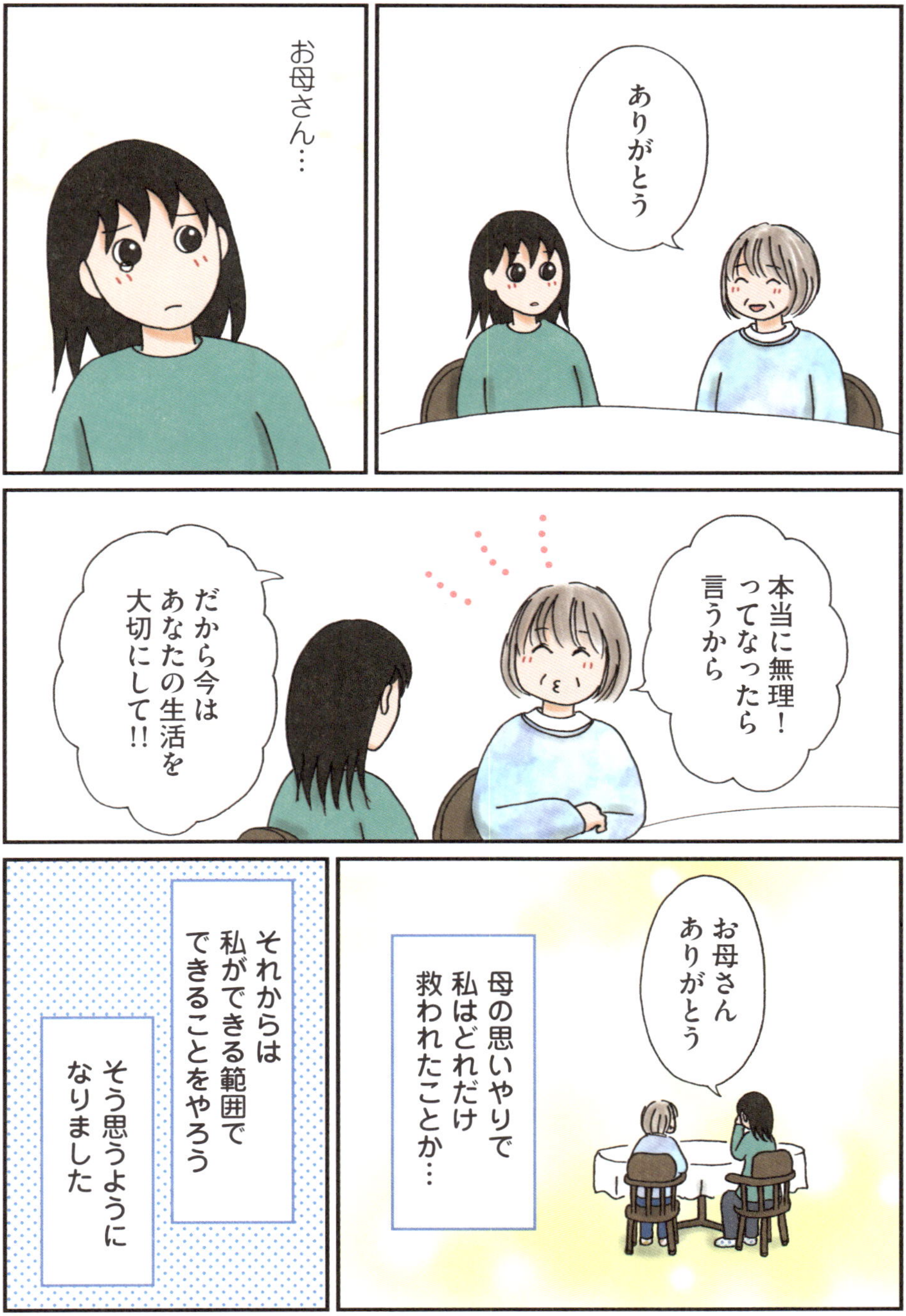
ありがとう
お母さん…
本当に無理！ってなったら言うから
だから今はあなたの生活を大切にして!!
お母さんありがとう
母の思いやりで私はどれだけ救われたことか…
それからは私ができる範囲でできることをやろう
そう思うようになりました

お父さん
机の整理
しよう
これはいる？
いらない
じゃあ
捨てよう
前と同じように
とはいかないけど
一緒にやれば
できることも
まだまだある
…お父さん？
も～
寝てるし～
私は父に対して
イライラしても
怒鳴らないように
しようと決めました

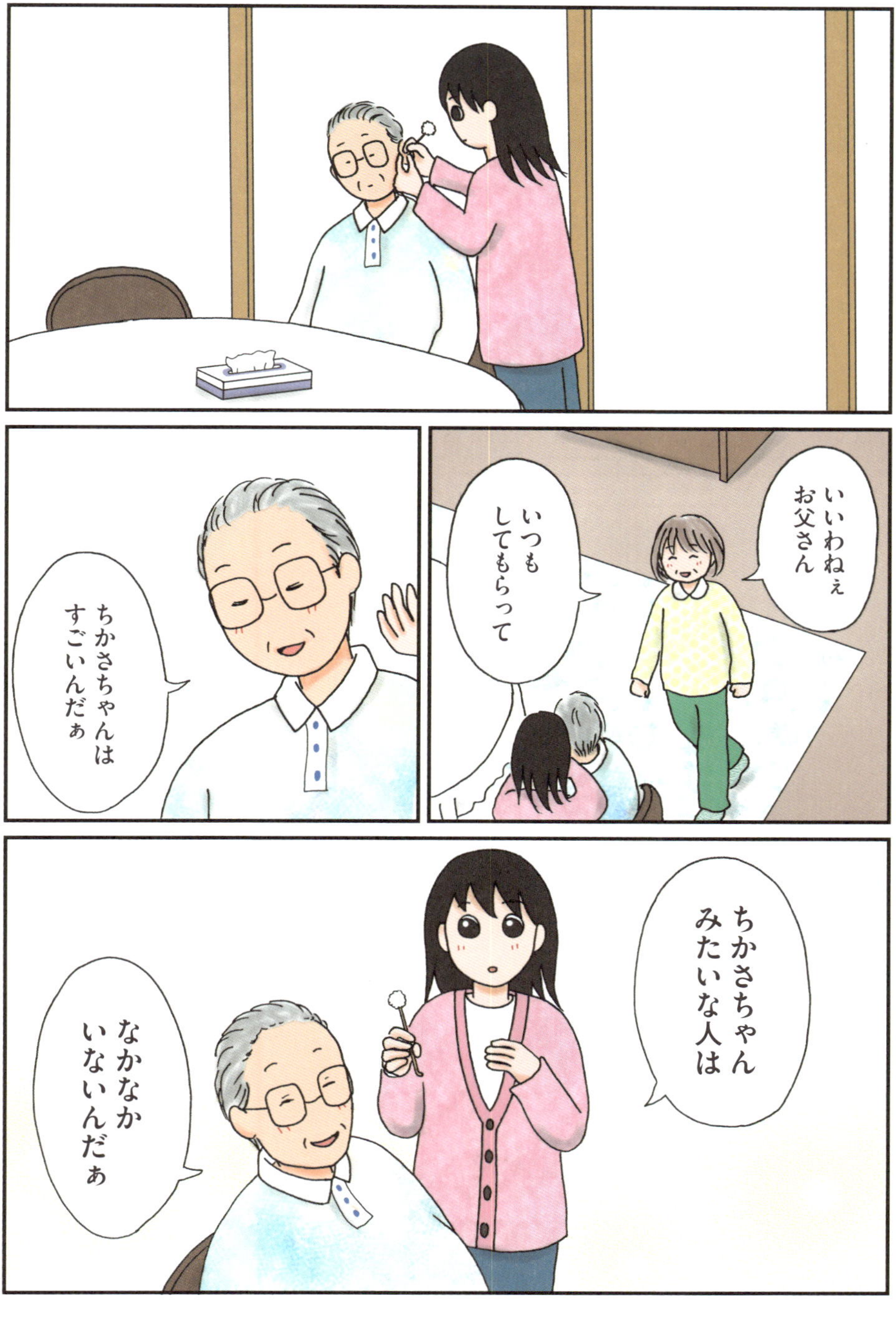
いいわねぇ お父さん
いつも してもらって
ちかさちゃんは すごいんだぁ
ちかさちゃん みたいな人は
なかなか いないんだぁ

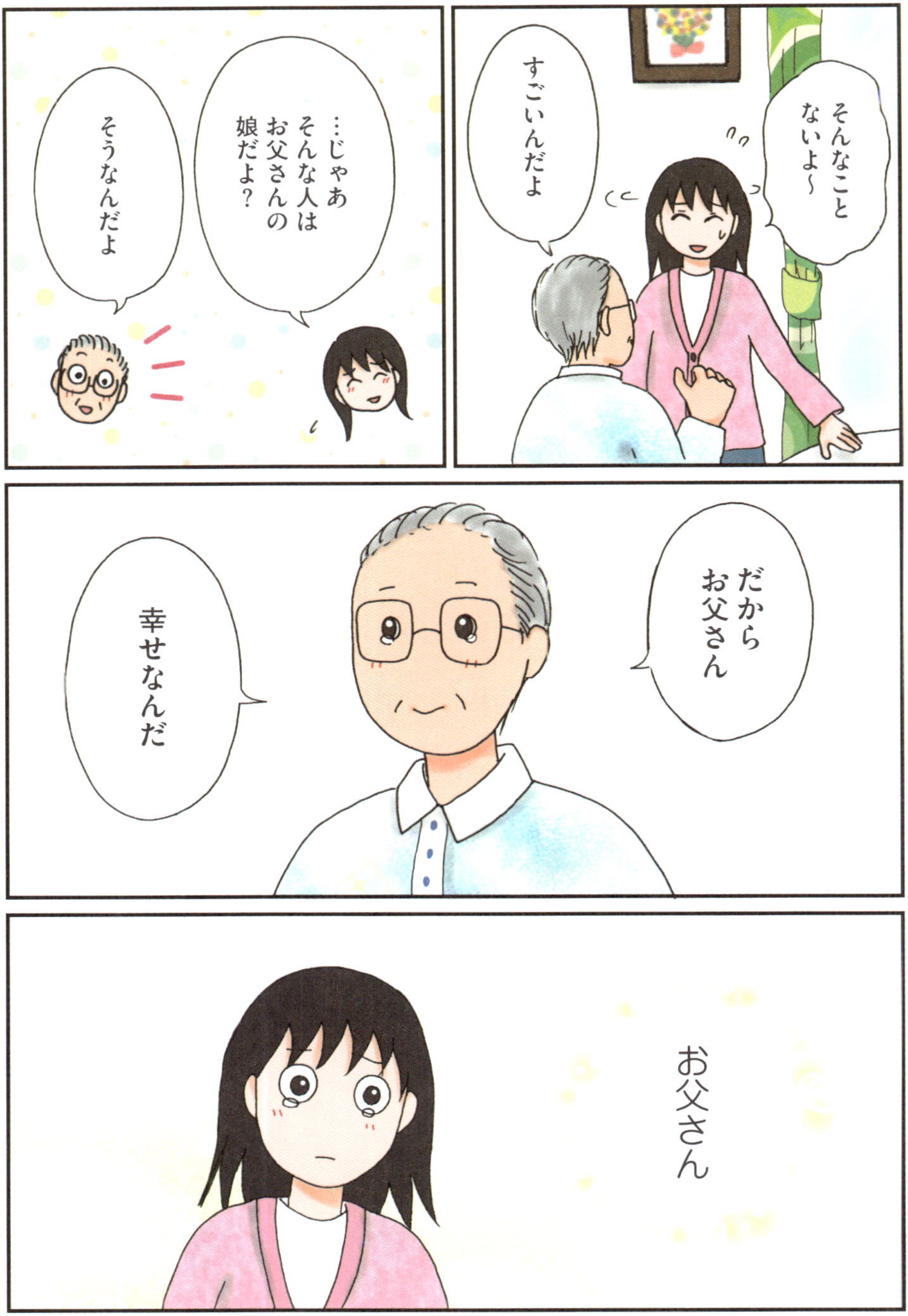

そんなことないよ〜
すごいんだよ
…じゃあそんな人はお父さんの娘だよ？
そうなんだよ
だからお父さん
幸せなんだ
お父さん

私にできることなんて何もないって思ってたけど…
よかったわね お父さん
ありがとう お父さん
私嬉しい!!
さぁ爪も切ろうね
はーいっ
お母さんも耳かゆい～

本音コラム

#3 愛はあっても介護は大変

介護において大変なことは多々ありますがトイレの問題は本当に大変だと私は思います。

毎日のことですし量も多くにおいもきつく……。ゴミ出しも重いし総合的に忍耐が鍛えられる力仕事です。

母は父の排泄方法に関しての研究をそれはそれは熱心にしていました。徐々に祖母が使っていたポータブルトイレも使うようにしたりと常に父にとっていい方法を考えていました。

母が毎晩父のトイレの度に起きる生活をするようになってから疲れがたまったのでしょう。年末に珍しく発熱して寝込んでしまったことがありました。その間私が代わりに父の紙パンツや尿取りパッドの処理をしましたが、まぁコツがいるというかとても難しい作業でした。これを毎日、毎回やっている母はすごいなぁと心から思いました。

トイレ関係に無頓着になっている時点で父は今までの感覚とは違うんだなというのはもちろん頭ではわかっているのですが「臭いよね？　汚いよね？　どうしてわからないの？」という気持ちも強くなり私もイライラすることが多かったです。

父は当時やってもらって当然という態度でしたし、今思えば照れくささもあったんでしょうね。私たちが父に対して毎回優しく接するのが難しかったのは事実です。ただ父にイライラした態度で接すれば接する程逆効果で、結局悪循環にしかならないということを学びました。今振り返れば父と母の間に立って私がもっと色々フォローできたらよかったなぁと反省しています。

当時母は「お父さんをずっとみていなきゃ！」という思いが強くシャワーも出かける用事がある時にささっと済ませる程度。湯船にゆっくりつかるなんて時間がないし贅沢で申し訳ないという気持ちを持っていたそうです。だんだん母の体調も心配になり、私が月に一度実家にかえった時くらいは母をゆっくり湯船につからせてあげようと思うようになりました。私と一緒ならそんなに罪悪感がないんですって。ふたりでお風呂に入りながら悩みや心配ごと・嬉しかったことなどたくさん話をします。結局話題は父のこと中心なんですけどね。イライラや怒りを介護者にぶつけるのではなく、周りに聞いてもらうことでで発散することが大切だなと思います。

因みに耳かきは以前からお互いにしていて、両親の目が見えにくくなってからは私の耳はみてもらっていませんが、両親の耳かき・毛抜き・爪切りは私の役目になっています。

5章

家族の変化、父の変化

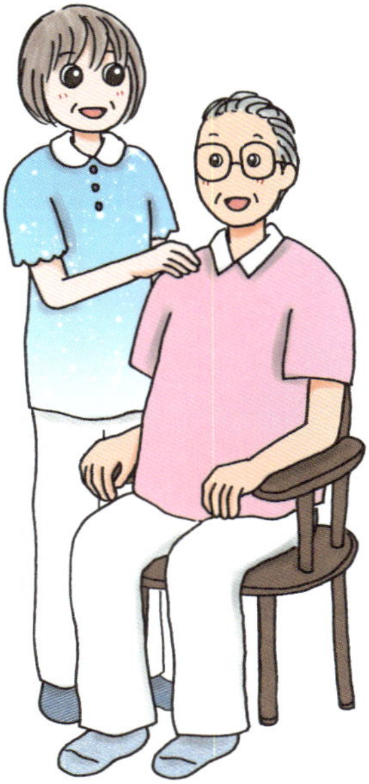

お届け物です
はーい
お世話様です
？
何かしら？
!!
ちょっと
お父さん!?
何これっ!?
いつ注文
したの？
……
ご注文いただき
ありがとうございます
からだのために
酵素

なんだっけなぁ
なんだっけじゃないでしょ～？
もぉ～～～
お父さん宛に届いてるもん！
憶えてないの？
……
酵素サプリ
お試しセット
0120−＊＊＊−＊＊＊＊
今すぐお電話を!!
………
このCM見たのね
母外出時
注文お願いします
お父さん電話できちゃうからなぁ
はぁ――っ
高額で変な物注文しちゃったら大変だわ

また別な日
MEMO
お父さんへ
デイサービス
お疲れさまでした。
夜ご飯は冷蔵庫に
ありますから 温めて
食べててくださいね。
そして
ただいま〜
遅くなっちゃって
ごめんなさい
お父さん？
？
あれ？

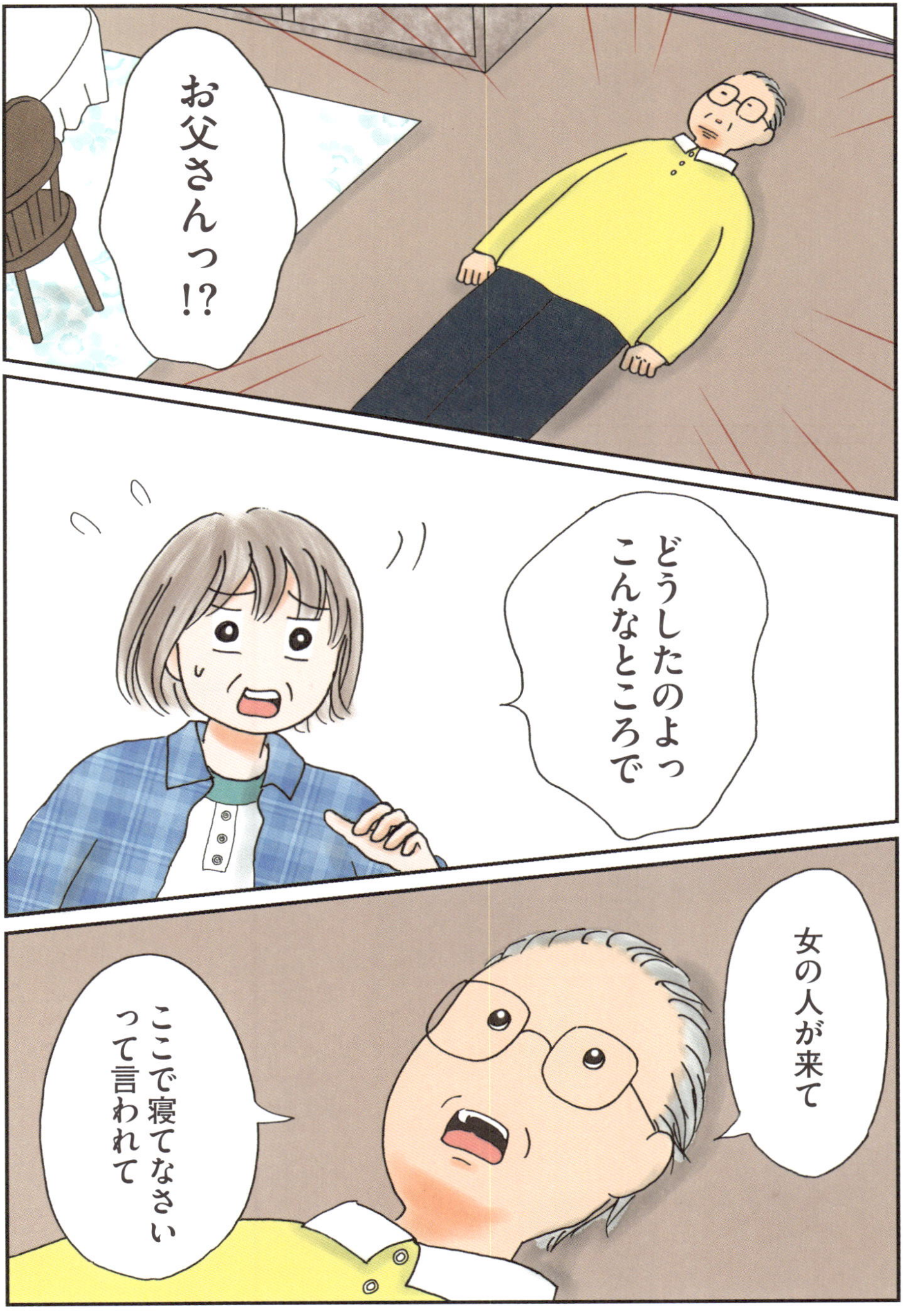
お父さんっ!?
どうしたのよっこんなところで
女の人が来て
ここで寝てなさいって言われて

女の人どこに行っちゃったのかなぁ…
戻ってこないなぁ
おかしいなぁ
冷蔵庫の中の母が作った夕食は
そのままだったようです

お父さんね おねしょもしちゃってて
起こすのにも ひと苦労で
もう 大変だったの
あきらかに 感じる…
お父さんの 認知症が
よくない方向に 進んでいる…
お母さん 診てもらおう
え？
もう一度 お父さんを

父をどこで診断してもらおうか迷っている時に母が見つけた新聞記事に
認知症の相談会のことが書かれていて参加してみることにしました
こんにちは
初めて来たんですけど…
どうぞ〜
さわやかっ

その方がこの相談会〝おれんじドア〟を作られた丹野智文さんでした
ご自身も39歳の時に若年性アルツハイマー型認知症と診断を受けています
この相談会は認知症と診断された方はもちろん
そのご家族や認知症に不安を抱えている方達が
この日のながれ
全体で自己紹介
家族同士
認知症の方同士
分かれてお話
体験を話したり情報交換をしたりする場でした
この人ったら何回も同じこと聞くんですよ〜
嫌になっちゃって
仕方ねぇべ確認は大事だ
認知症の方
ご家族
言われないと
認知症だってわからないな

〝認知症〟って言っても
人によって
こんなに全然違うものなんだ…
私自身が気付かないうちに
認知症に対してのイメージを
勝手に作り出してしまっていたのかもしれない…
実際に〝知る〟って
大事だし安心につながるんだ
To：丹野さん
今日は貴重なお話を聞かせていただきありがとうございました

From：丹野さん
こちらこそ
ありがとうございました
私の名刺用の
似顔絵描いて
いただけませんか？
えっ
私の絵でいいのかしら
その後丹野さんの絵を描かせていただけたこと、感謝しています
おれんじドアで出逢った先生に後日父を診ていただけることになりました
そして結果は
ミーンミン
ミンミーン…
お父さんね
血管性認知症だって

やっぱり…ネットで調べてて
そうじゃないかって
うん ちかさちゃんが言ってた通りだった
血管性認知症とは脳の血管の病気によって起こります
ぼーっ
意欲の低下
転びやすい
排尿障害
歩行障害
今までの父の症状に当てはまるものが多いと思っていました

初めて
診断結果を
聞いた時より
心の準備も
できていたし
わかっていたことの
答え合わせが
やっとできた
そんな感じ
なのに…
…っ

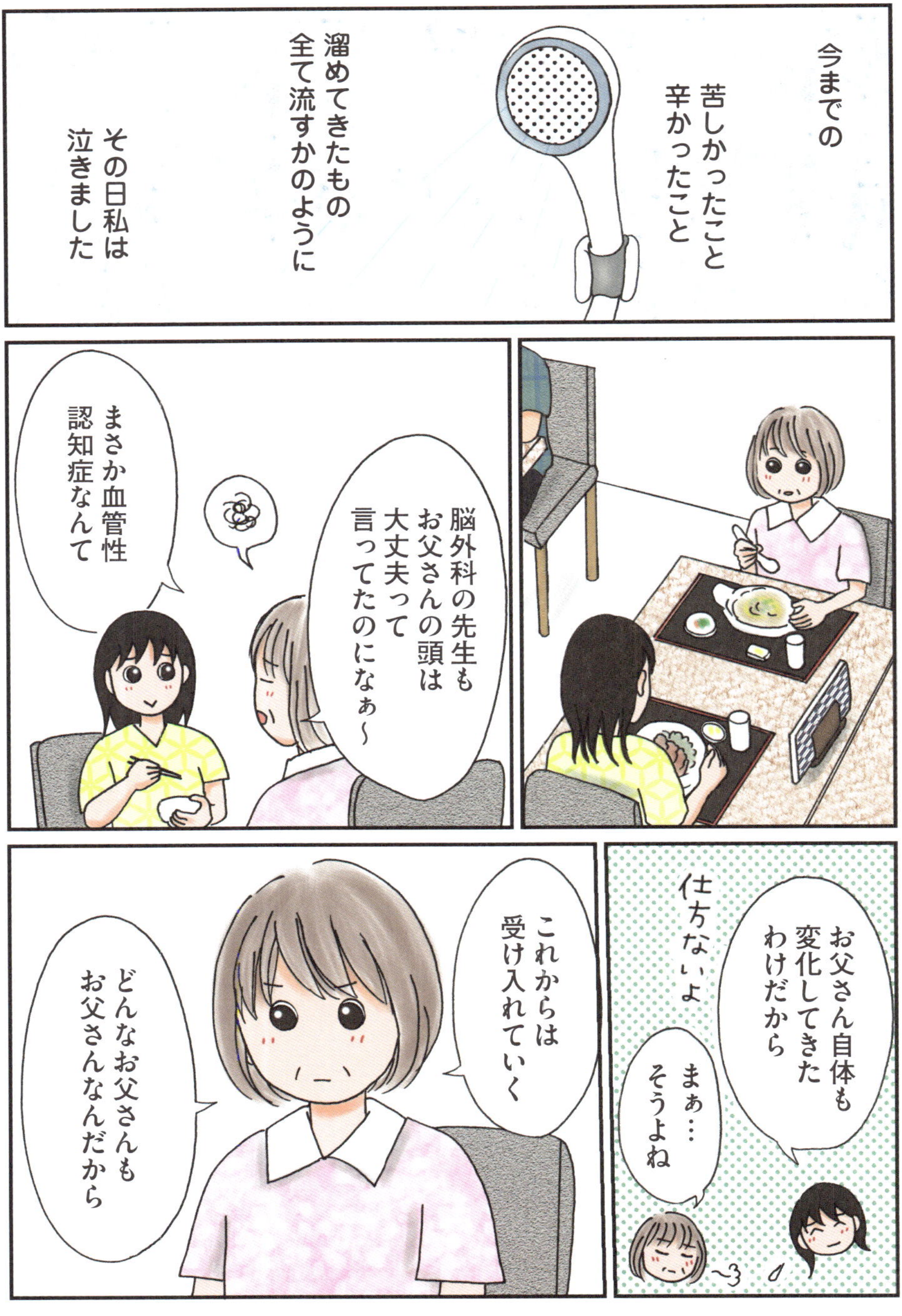
今までの
苦しかったこと
辛かったこと
溜めてきたもの
全て流すかのように
その日私は
泣きました
脳外科の先生もお父さんの頭は大丈夫って言ってたのになぁ～
まさか血管性認知症なんて
お父さん自体も変化してきたわけだから
仕方なぃよ
まぁ…そうよね
これからは受け入れていく
どんなお父さんもお父さんなんだから

それから母は
主人は血管性認知症なんです
ご近所をはじめ父と交流のある方達に公表するようになりました
だってもしお父さんがおかしな行動とっちゃった時に
「あ、この人は認知症なんだ」って思ってもらえた方がいいなって
「変な人だ」って避けられるより助けてもらえるように

血管性認知症と診断されてから
父にはあらたに血流をよくする薬が処方されました
内用薬
ごちそうさまでした♪
ありがとー
父にできることは少しでも父がやるように
私がやっちゃえば簡単なことなんだけど
見守り隊
やらないとできなくなっちゃうからね

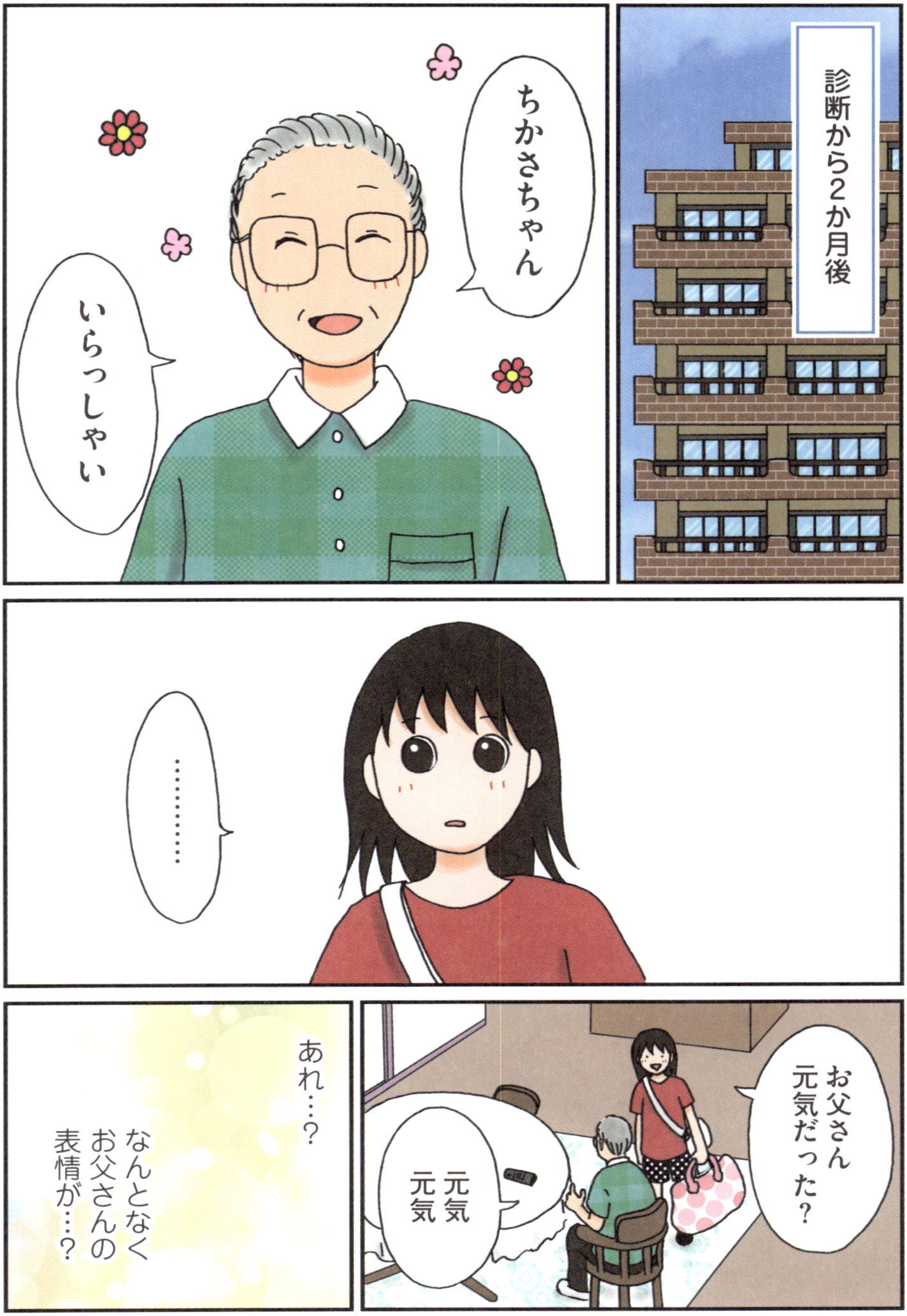
診断から2か月後
ちかさちゃん
いらっしゃい
…………
お父さん元気だった？
元気元気
あれ…？
なんとなくお父さんの表情が…？

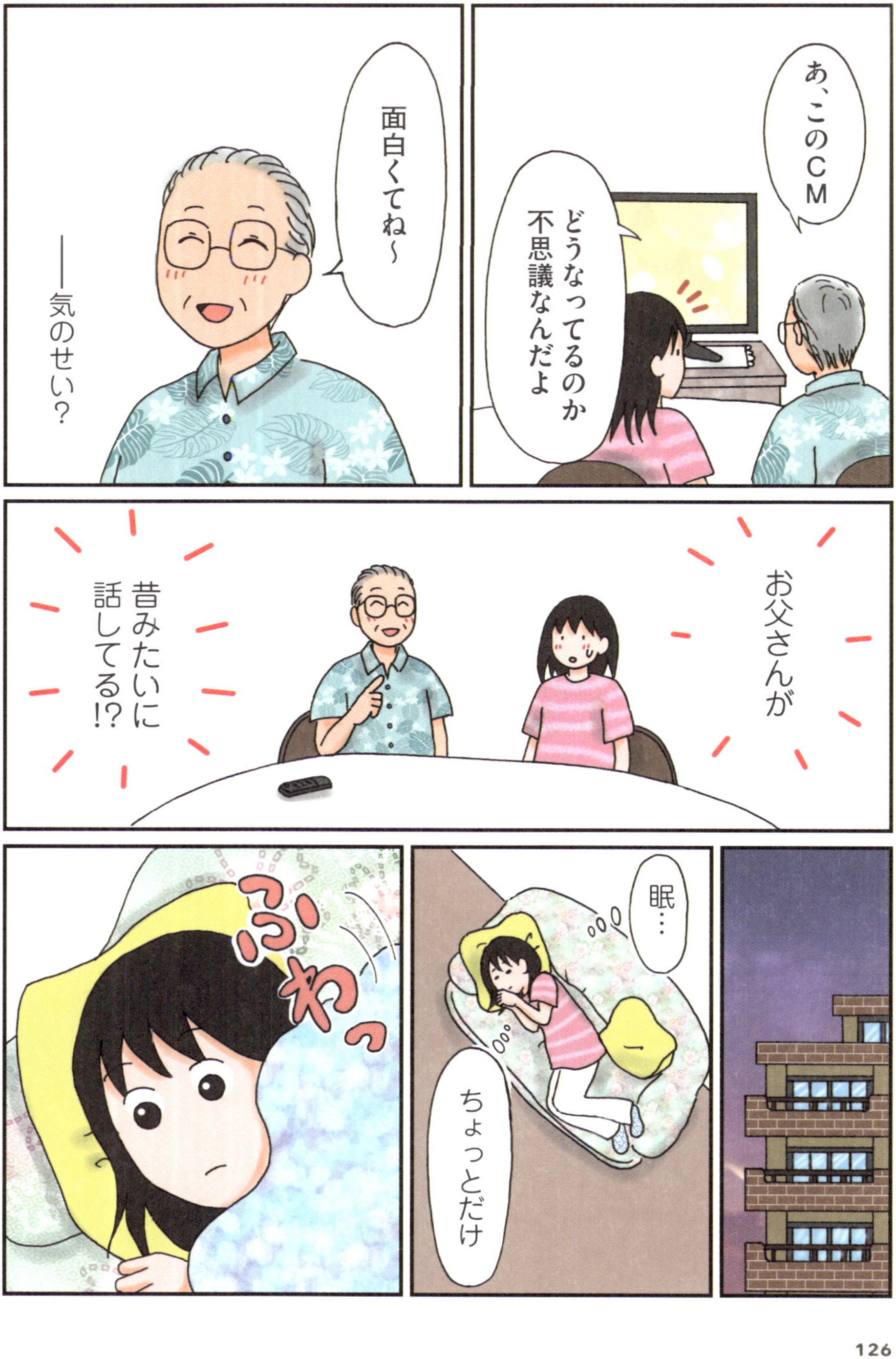
あ、このCM
どうなってるのか不思議なんだよ
面白くてね～
――気のせい？
お父さんが
昔みたいに話してる!?
眠…
ちょっとだけ
ふわっ

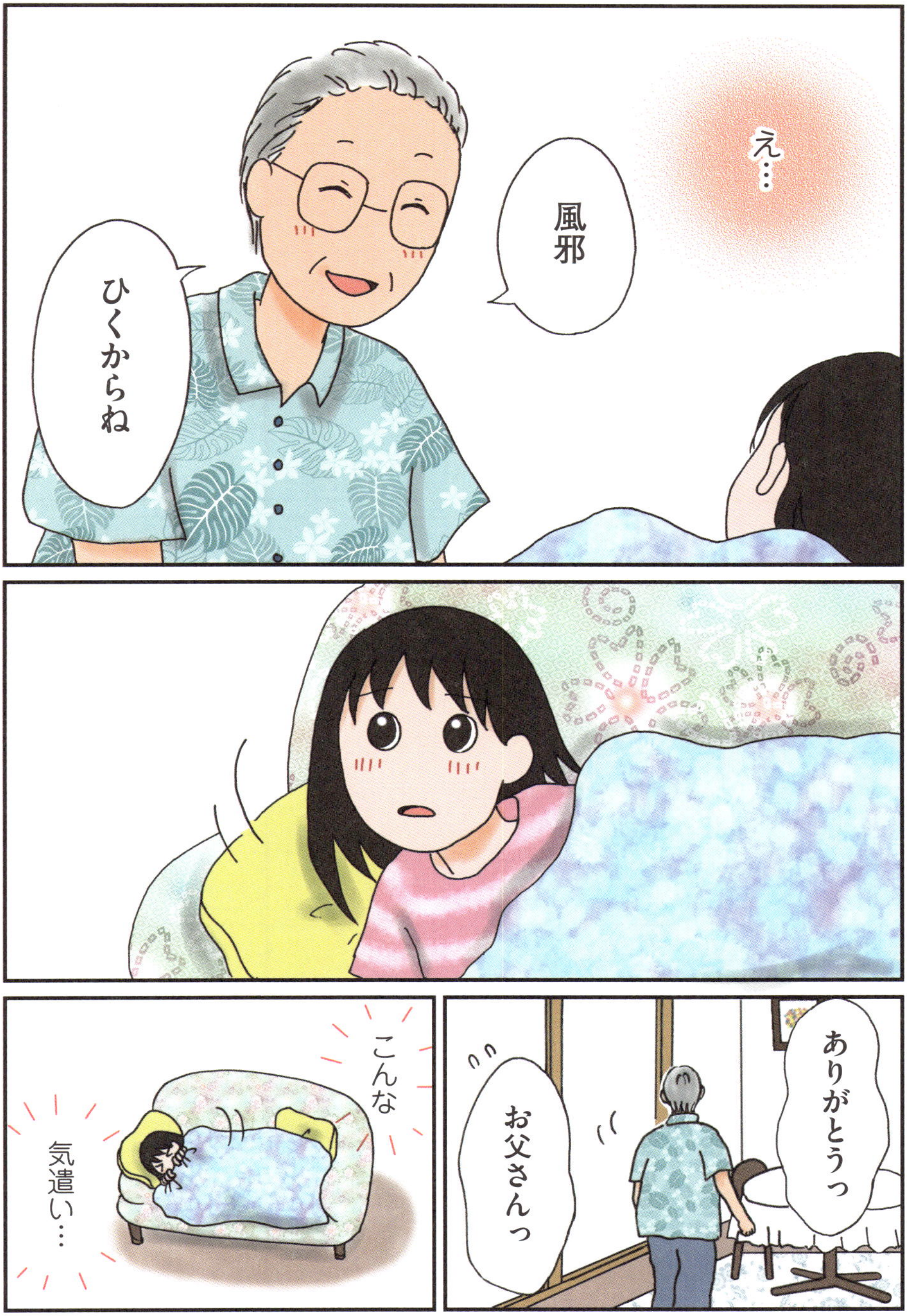
え…
風邪
ひくからね
ありがとうっ
お父さんっ
こんな
気遣い…

昔のお父さんが戻ってきた気がする!!
表情も今までと違って楽しそうに話すし
動作はゆっくりのままだけど
やっぱり変化感じるよね～
でも先生に言ったら薬を変えても急に変化はないって
えーそうなの!? 絶対影響してると思うっ
最近は私もお父さんが家にいるときは
出かけないでそばにいるようにしてるし
そういったことでお父さんも心が安定してきたのかもしれない

お父さん自身の変化は
もしかしたら私たちの変化も関係してるかもね
パック♡
そうね
もう一度診てもらってよかったね
ほんとに
身近な家族の気づきは大切だと痛感しました
ちょっと歩いてくる
あ、じゃぁ私も行くー

お父さん前より歩けるようになったんじゃない？
少しずつね
お父さんのこの一歩は
とても意味のある一歩だと
この時私はかみしめた

はい
わかりました!!
いつもありがとう
ございます!!
明日のお迎え
何時だって？
19
20
D.S
8:30
8時30分
※D.S＝デイサービスの略らしい
父はデイサービスを
週1回から3回に
増やしました

父にとって
とても大切な場所に
なっているようです
すごいんですよぉ
体重測ったら
今日新記録
だったんですよ!!
ダイエット成功ー!!
えーっ
そうだったんですね
皆で喜びました
ありがとうございます
よかったね
お父さん!!

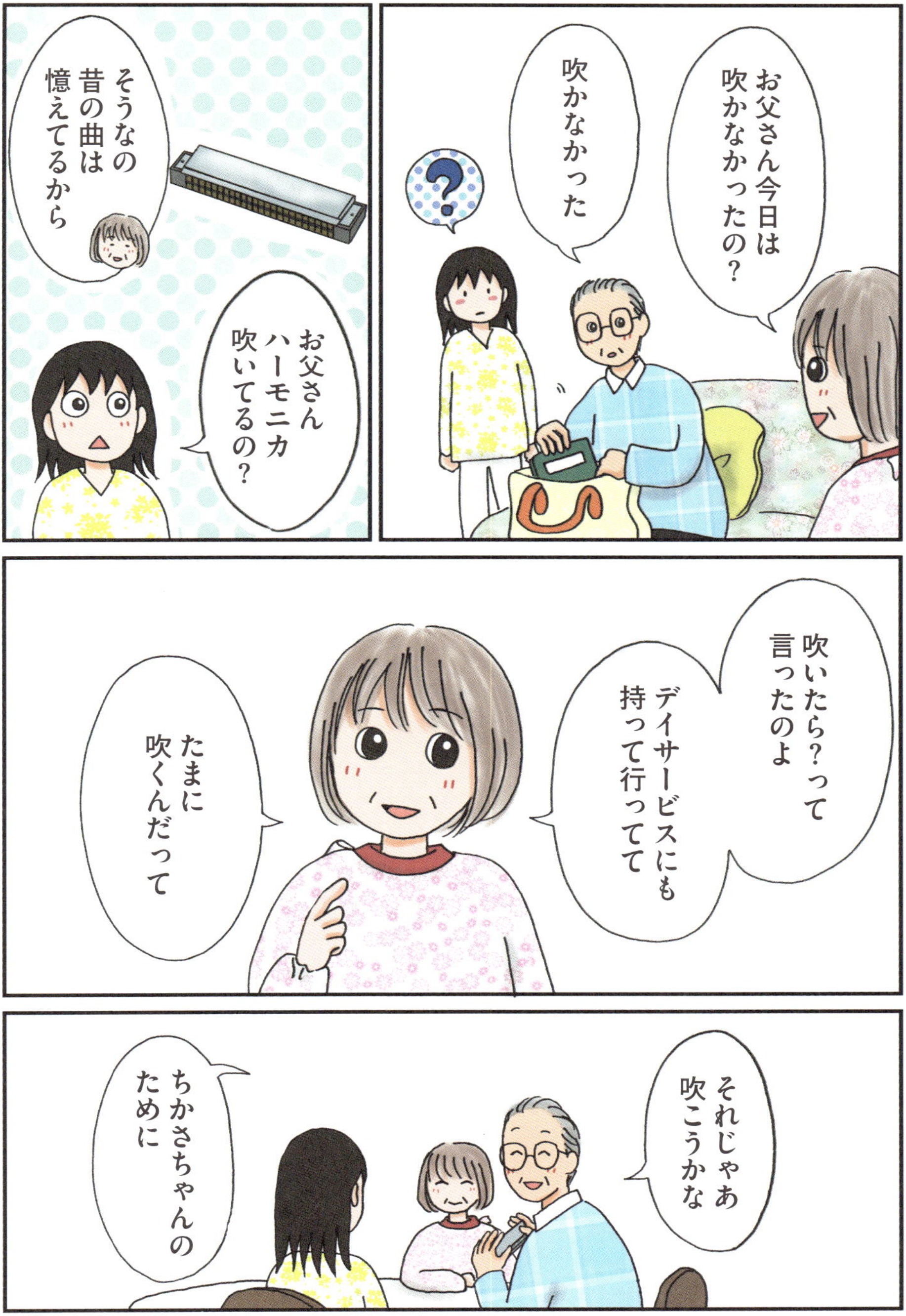
お父さん今日は吹かなかったの？
吹かなかった
お父さんハーモニカ吹いてるの？
そうなの昔の曲は憶えてるから
吹いたら？って言ったのよ
デイサービスにも持って行ってて
たまに吹くんだって
それじゃあ吹こうかな
ちかさちゃんのために

お父さんも…
お母さんも私も

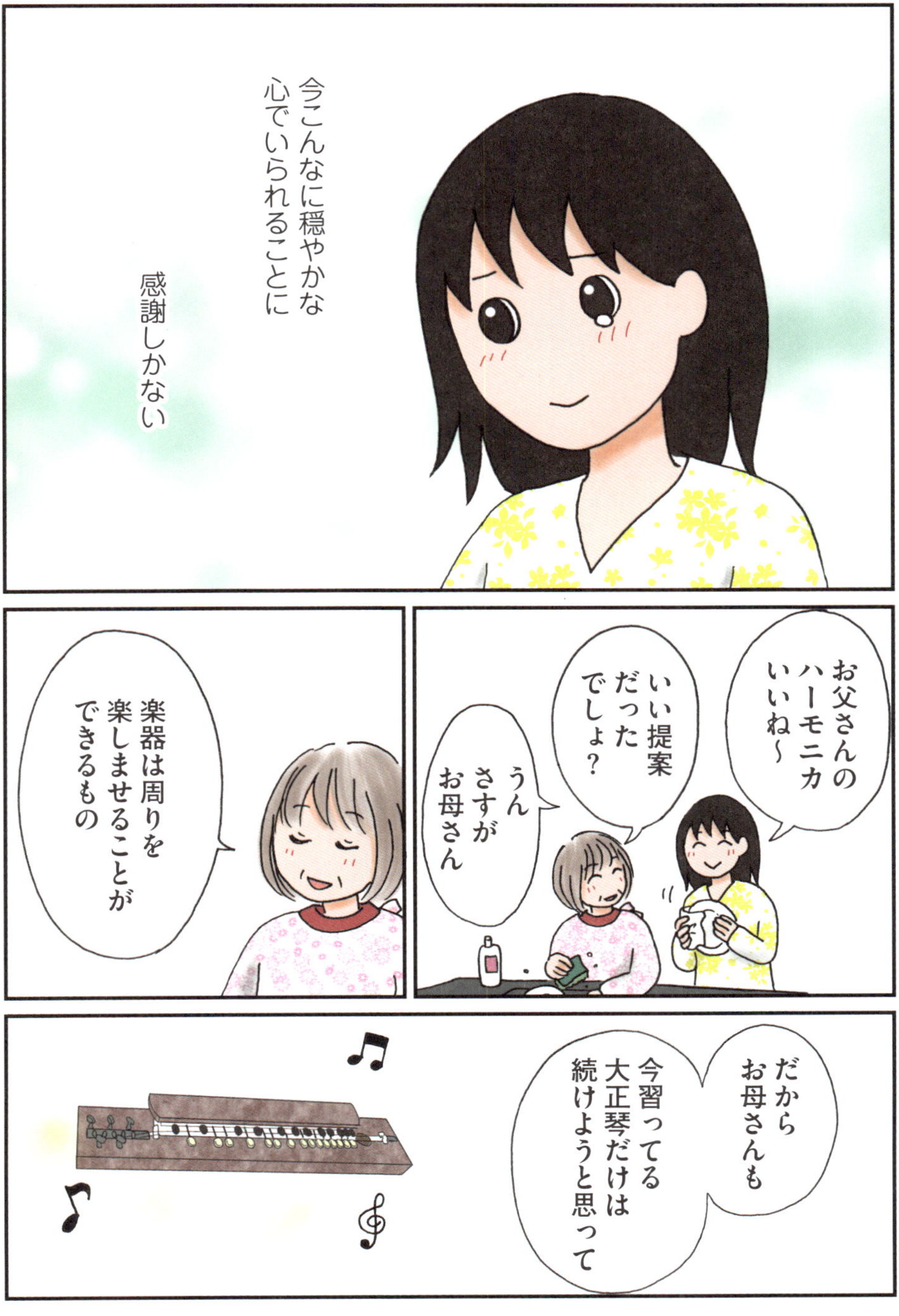
今こんなに穏やかな心でいられることに
感謝しかない
お父さんのハーモニカいいね～
いい提案だったでしょ？
うんさすがお母さん
楽器は周りを楽しませることができるもの
だからお母さんも今習ってる大正琴だけは続けようと思って

もっとおばあちゃんになっても
弾いてお聞かせできるように!!
お母さん…
何歳になっても周りの人達を楽しませたい気持ち…
私もそんな風に生きていきたいなぁ…
そんな気持ちを大切にしている
お父さんとお母さんの娘で
私は本当によかった

6章

娘の私にできること

お父さん転ばないようにね
また来月来るからね！
ありがとうね
そんな挨拶が毎月恒例になっていたのですが
お父さん椅子から立ち上がる時に転んじゃって…
え〜っ
翌日デイサービスの責任者の方にご指示いただき救急車で病院へ
右股関節を骨折していて手術・入院が必要になりました

会社
まさか骨折とは…
その2日後私は仙台に行き
お医者様から手術の説明を母と一緒に聞くことにしました
仙台駅
完全に折れていますので
皮膚を切開して骨の形のチタンを入れます
レントゲン写真
全身麻酔の大がかりな手術ですし
高齢なので何が起きるかわかりません
入館証 10
入館証 19

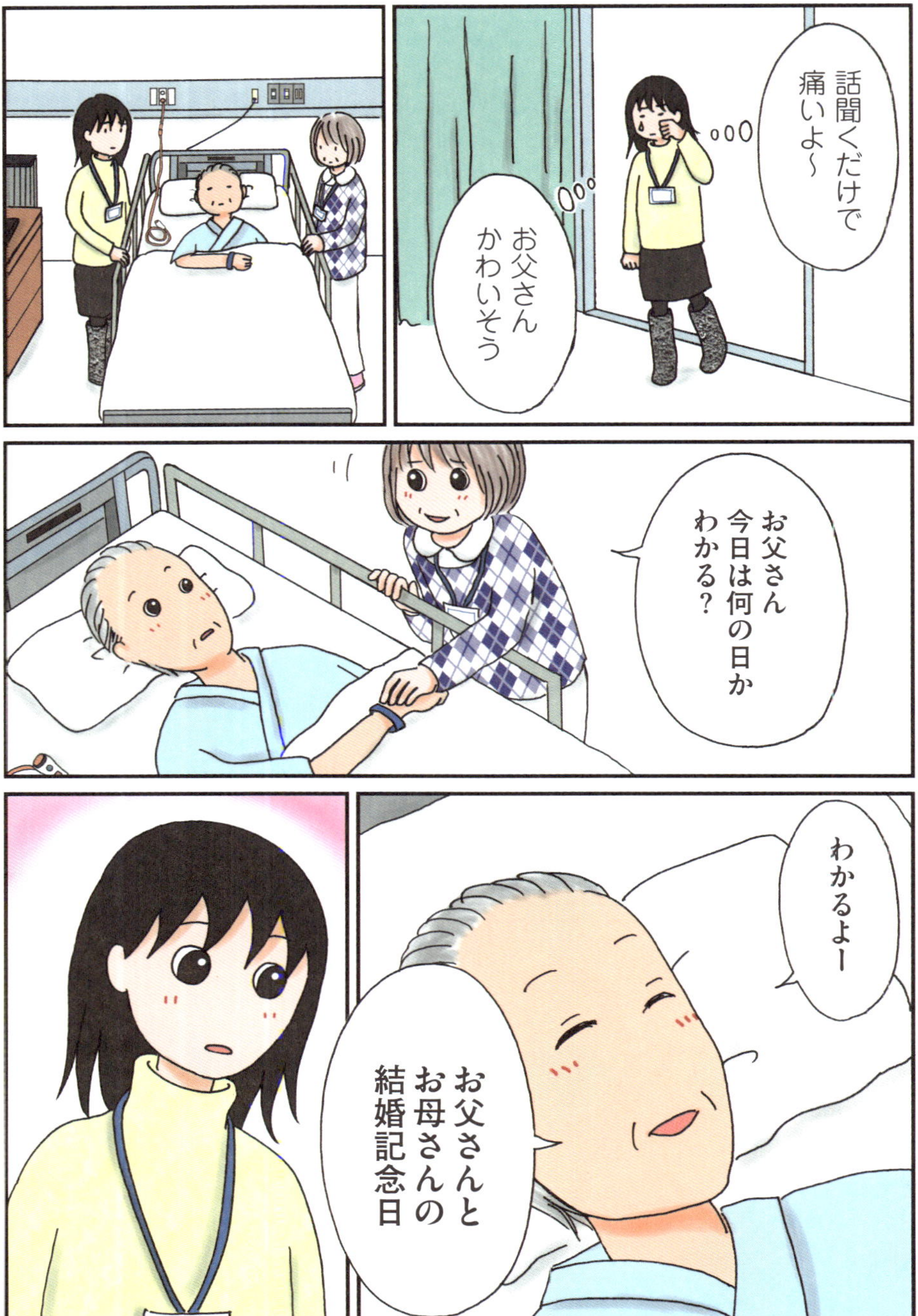
話聞くだけで痛いよ～
お父さんかわいそう
お父さん今日は何の日かわかる？
わかるよー
お父さんとお母さんの結婚記念日

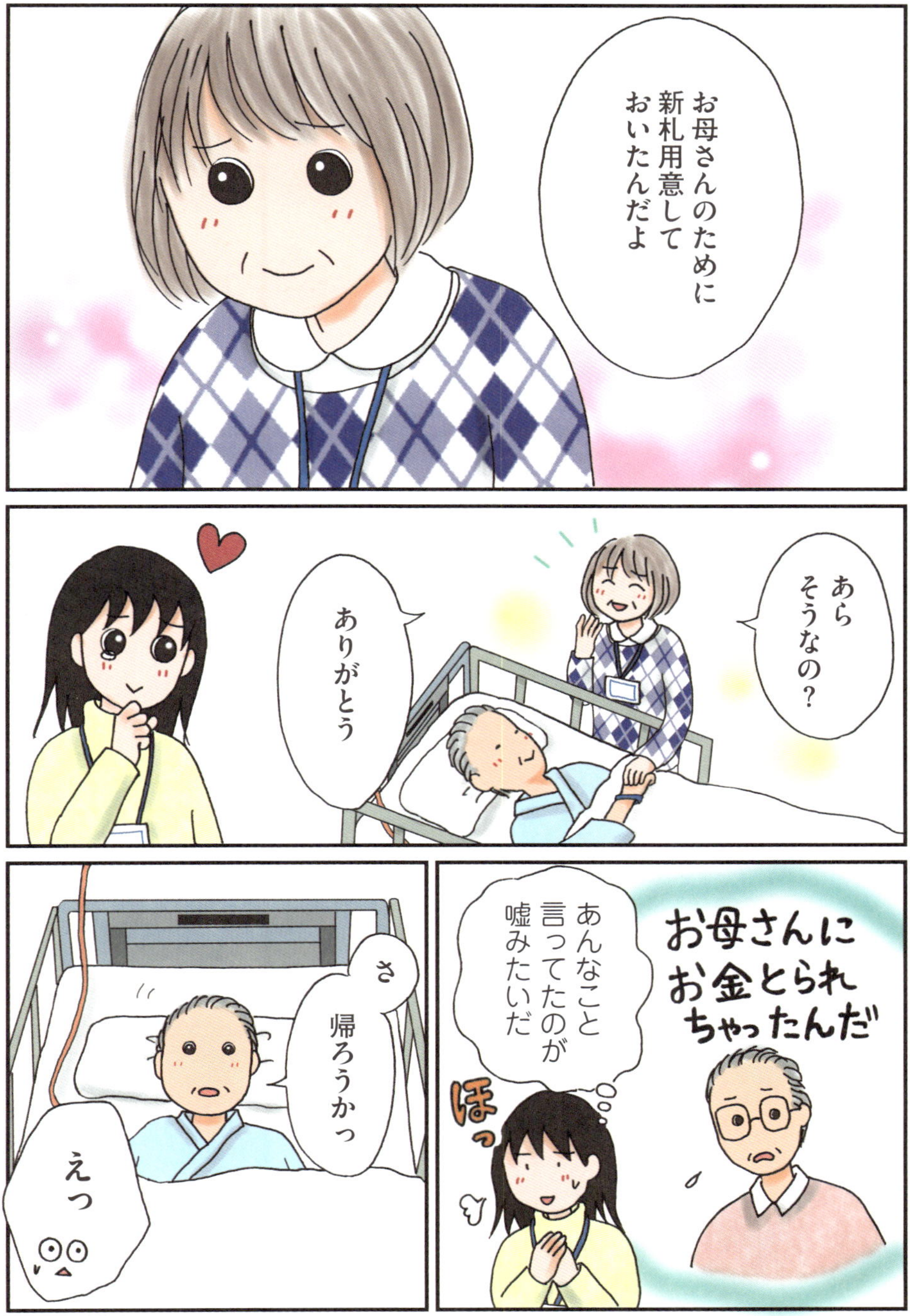
お母さんのために新札用意しておいたんだよ
あら そうなの？
ありがとう
あんなこと言ってたのが嘘みたいだ
お母さんにお金とられちゃったんだ
ほっ
さ 帰ろうかっ
えっ

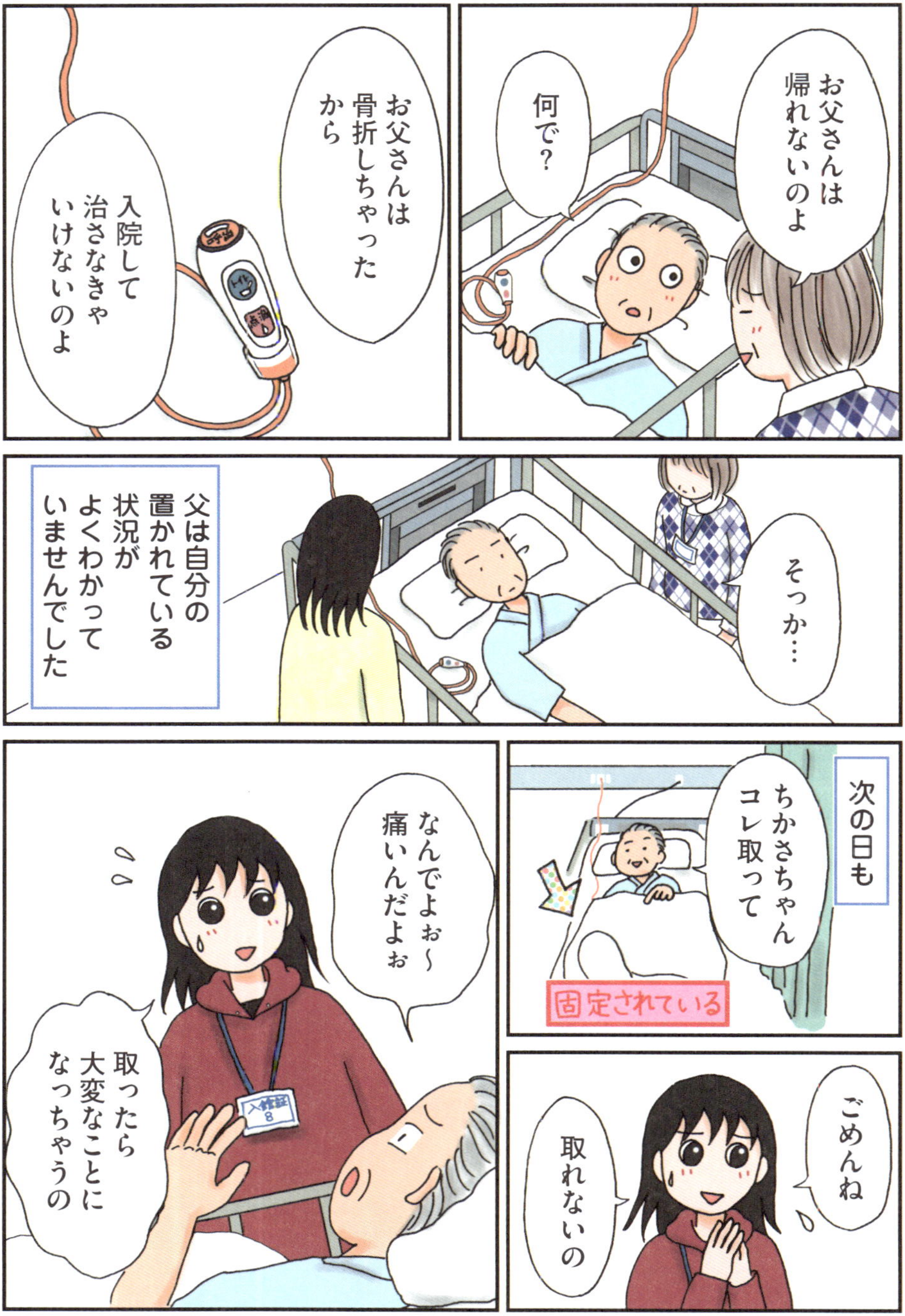
お父さんは帰れないのよ
何で？
お父さんは骨折しちゃったから
入院して治さなきゃいけないのよ
そっか…
父は自分の置かれている状況がよくわかっていませんでした
次の日も
ちかさちゃんコレ取って
固定されている
ごめんね
取れないの
なんでよぉ〜痛いんだよぉ
取ったら大変なことになっちゃうの

誰かずっと見てる
誰が？
外国の人なのかなぁ
………
お父さんの認知症どんどん進んでる気がするんだけど
うーん…
手術したら落ち着くのかもよ？
でも足は…
………
もともとそんなに歩けなかったから
車椅子の生活になっちゃうかな…

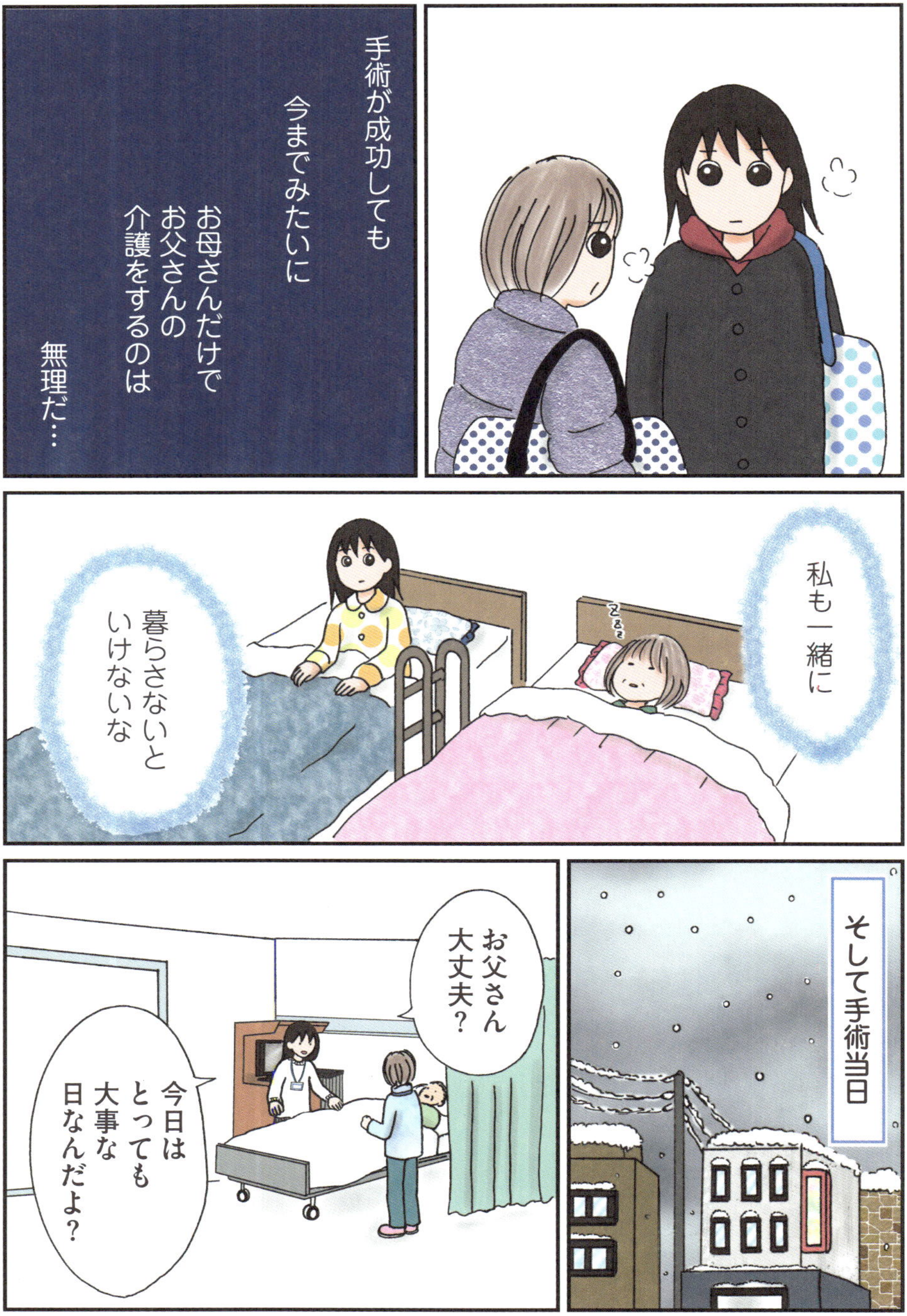
手術が成功しても
今までみたいに
お母さんだけで
お父さんの
介護をするのは
無理だ…
私も一緒に
暮らさないと
いけないな
そして手術当日
お父さん
大丈夫？
今日は
とっても
大事な
日なんだよ？

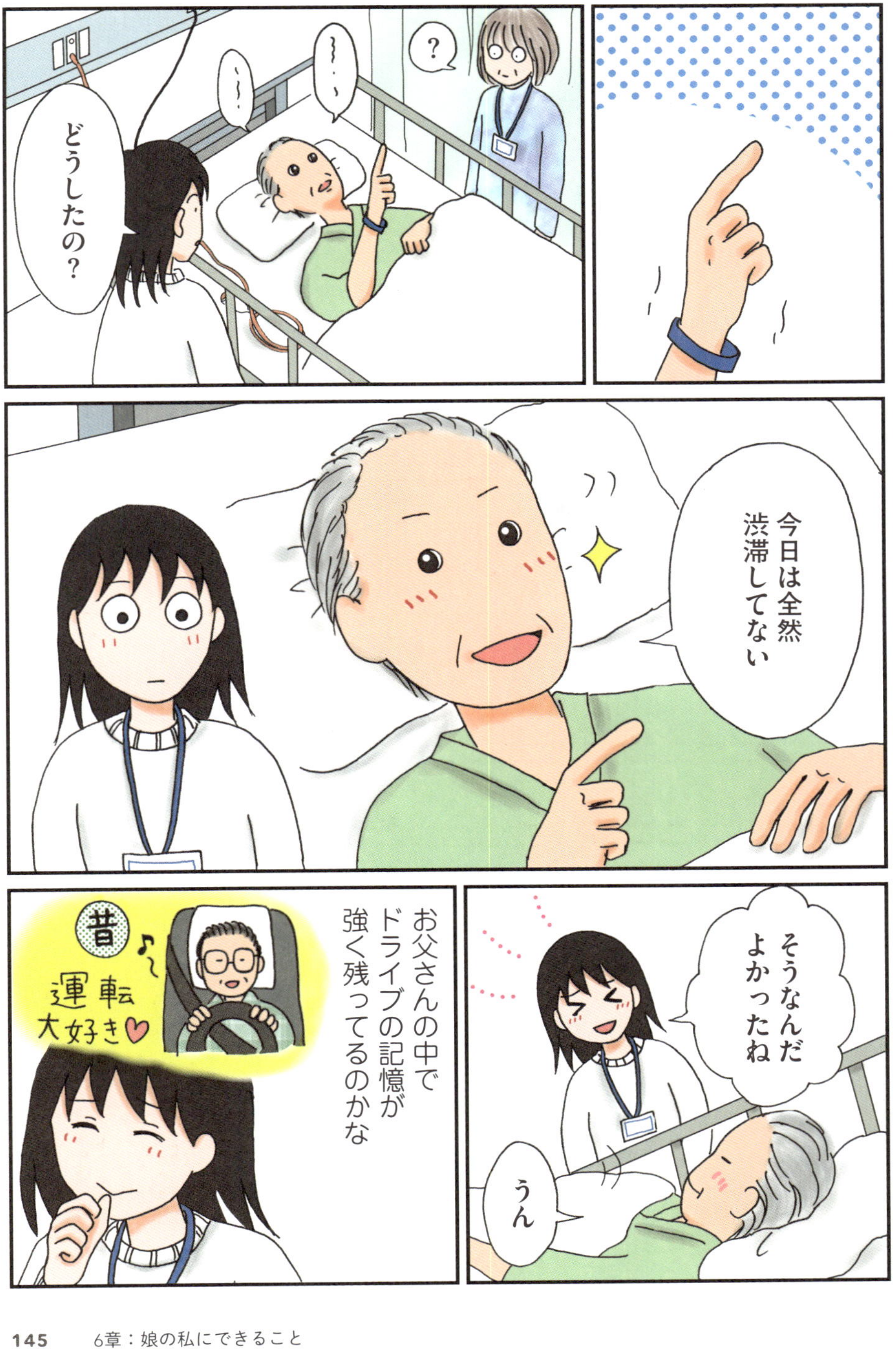
?
どうしたの?
今日は全然
渋滞してない
そうなんだ
よかったね
うん
お父さんの中で
ドライブの記憶が
強く残ってるのかな
昔
運転
大好き♡

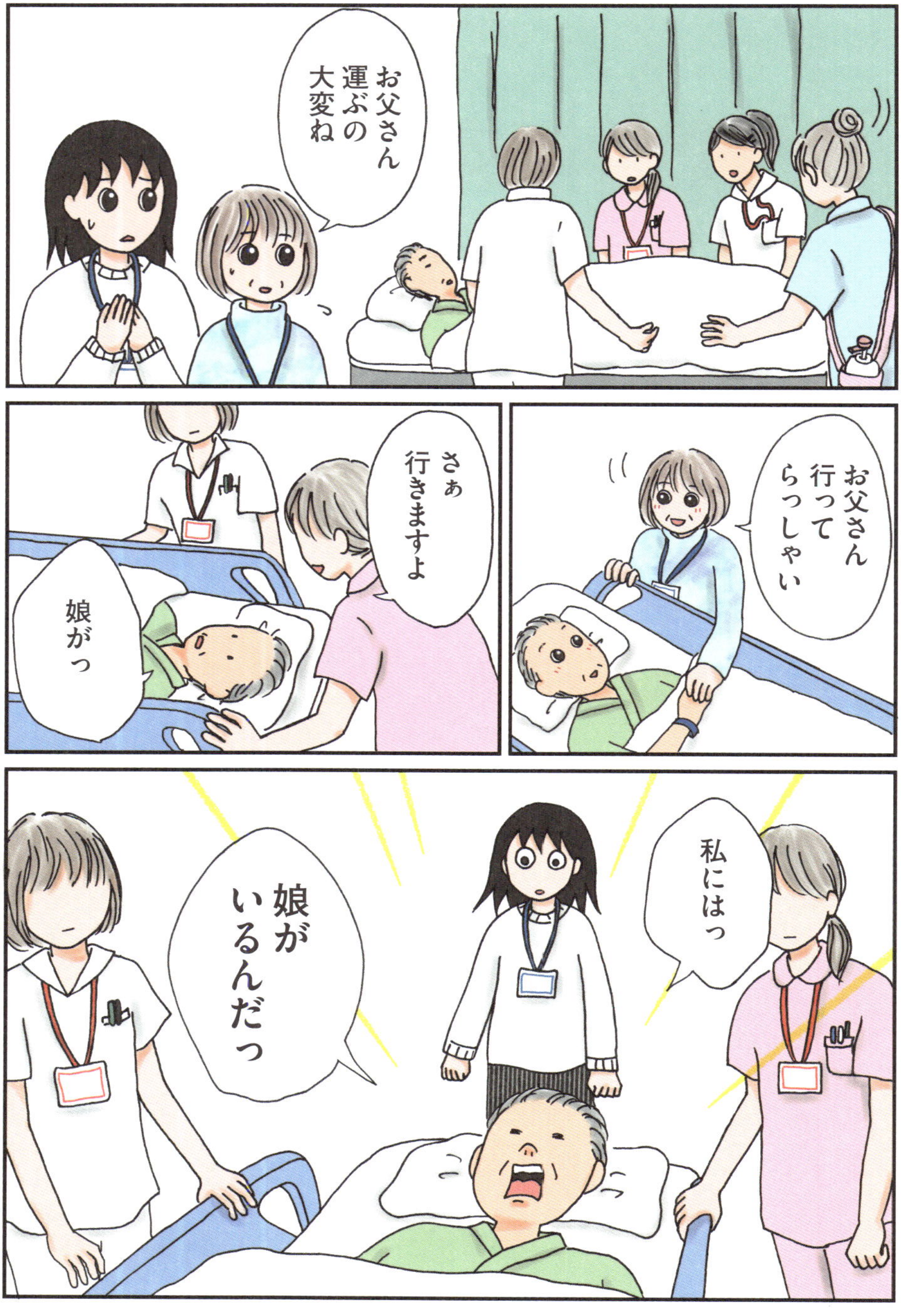
お父さん運ぶの大変ね
お父さん行ってらっしゃい
さぁ行きますよ
娘がっ
私にはっ
娘がいるんだっ

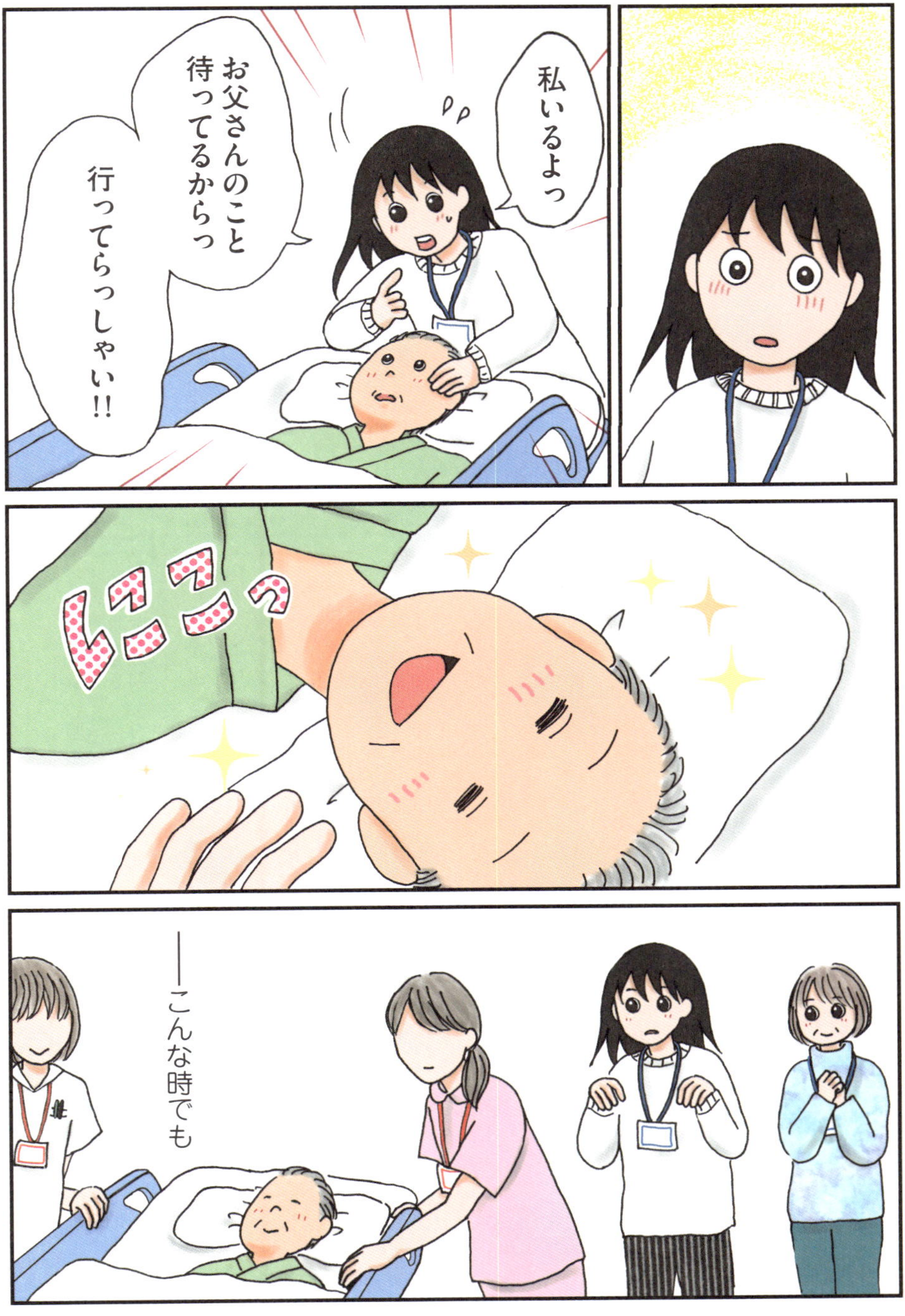
私いるよっ
お父さんのこと待ってるからっ
行ってらっしゃい!!
にこっ
──こんな時でも

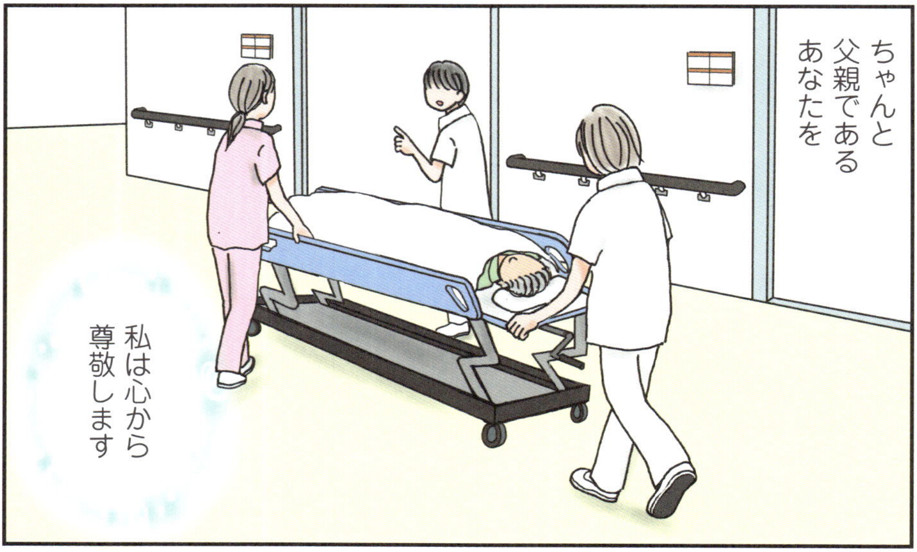
ちゃんと
父親である
あなたを
私は心から
尊敬します

お父さん…
がんばってきてね…

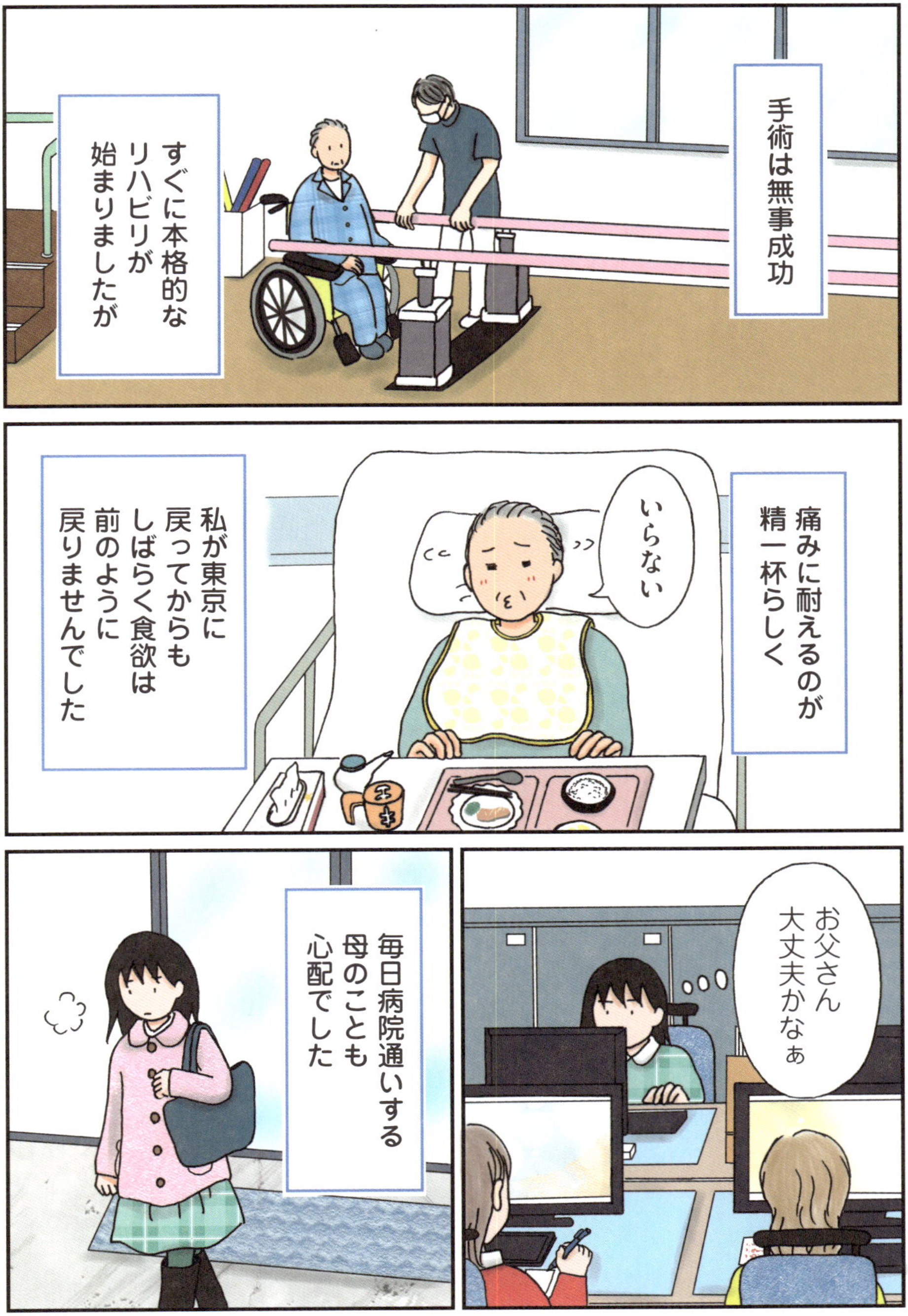
手術は無事成功
すぐに本格的なリハビリが始まりましたが
痛みに耐えるのが精一杯らしく
いらない
私が東京に戻ってからもしばらく食欲は前のように戻りませんでした
お父さん大丈夫かなぁ
毎日病院通いする母のことも心配でした

お父さんとお母さんが一緒にいてくれることって
当たり前に思ってたけど
本当にありがたいことだったんだなぁ…
私安心できてたもん
再度病院に行くと
お父さんちかさちゃん来たわよ!!
わぁ～ちかさちゃんは神様だねぇ
ありがたいねぇ
じ～ん

手術からおよそ1か月後
病院にはもういられないって
ええっ
2か月は入院しなきゃいけないんじゃないの？
こんなに早く次を考えなきゃいけないなんて
このままリハビリを続けても大きな変化の見込みはないという病院の判断でした
今の状態のお父さんが家に戻るとしたら
必要な物を色々と準備しないといけない

でもまだ前みたいに一人でトイレに行けないし
WC
ベッドから起き上がることもできない
お母さんが見守るって言っても…
ずっと見てなきゃいけないよね
私も今すぐには実家に行けないし
仕事のことも家のことも
どうしよう
父にとってはもちろん
母そして私にとっても
どうするのがいいか考える日々が始まりました

毎日リハビリ見てるとね
お父さんこの調子なら家に帰れるかも!!
って思う瞬間もあるのよ
だけどムラがあるし
やっぱり無理かなって思う…
骨が折れてるから前と違って扱い方も注意しないといけないし…
…手術後…
一度折れたところはまた簡単に折れますからね
先生からあんな説明聞いちゃったら余計に怖いよね…

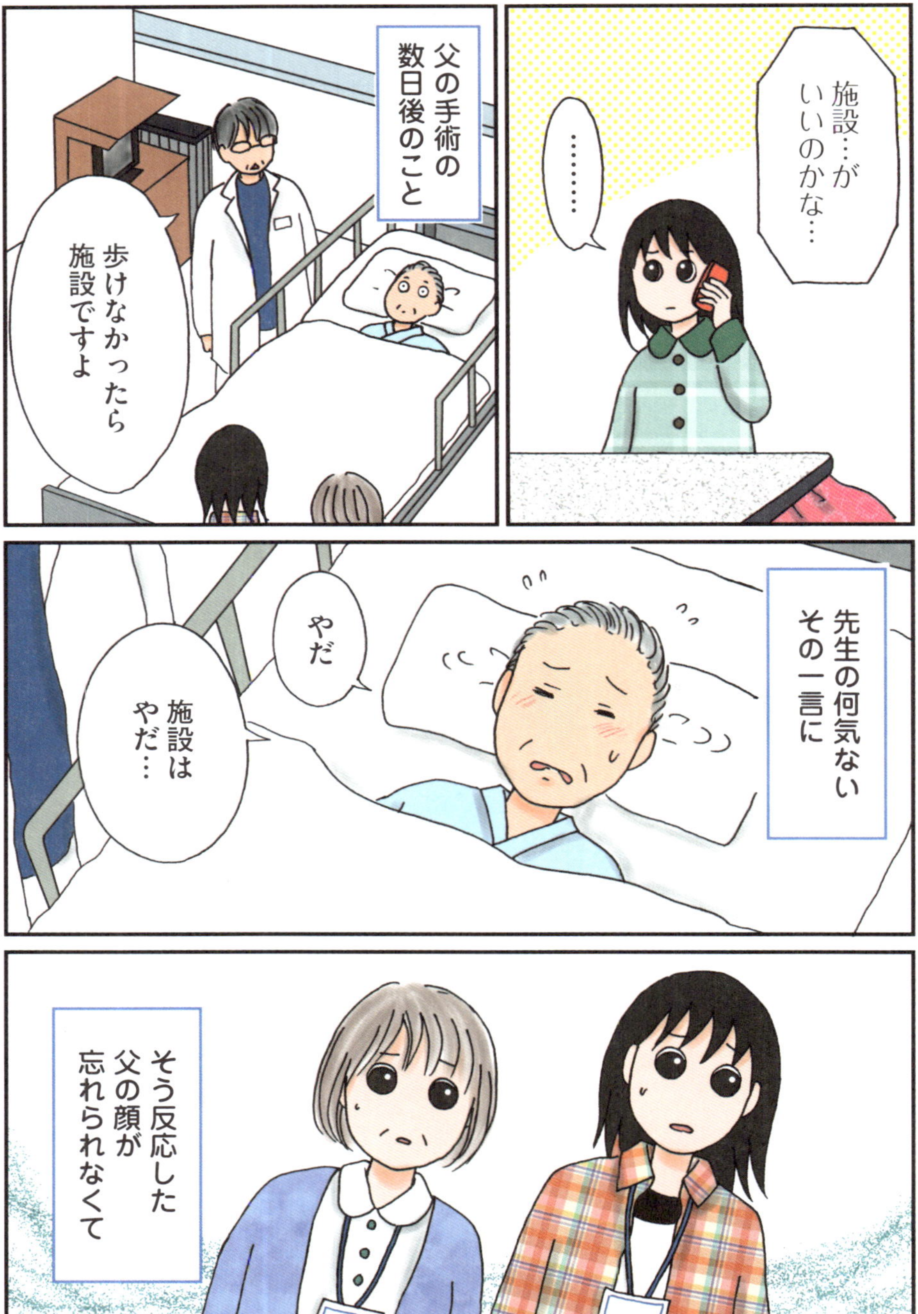
施設…が
いいのかな…
………
父の手術の数日後のこと
歩けなかったら
施設ですよ
先生の何気ない
その一言に
やだ
施設は
やだ…
そう反応した
父の顔が
忘れられなくて

お父さんは本当は家に帰りたいよね
それが理想だけど現実は…
私は仙台の介護施設を調べてみましたが
入居費用が高額だと結構空いてる
でもこんな金額出せないよ
実家から近くないと
お母さんも通うの大変だし
どうしたらいいんだろう…

そんな日が続いて
あ!!
ここ!!
老人ホーム
実家から近い!!
病院も併設してる!!
在宅復帰を目的としてる!
部屋にこもらない環境づくり
リハビリもある
この施設の共同4人部屋なら入院中の今の環境と似てるし
デイサービスで過ごしてたお父さんなら大丈夫かもしれない

今のままだと家に帰るのは難しいから
家に帰れるようにがんばってほしいとお父さんに伝えたらわかってくれる!!
いい所見つけたー
ところが
えーーー
空室 満室
現実って…
その後も調べましたが条件に合うと思ったのはその施設だけでした
ぬかよろこびー
母に話をしてケアマネージャーさんも施設をさがしてくれることになりました
いい所あるといいなぁ～
数日後
ケアマネさんから連絡があってね

偶然一つベッドの空きが出たんだって!!
ちかさちゃんが言ってた所!!
やったぁ〜ほんとにぃ!?
様々な不安が少し消えました
しかしここからが本番で…
主な流れ
施設見学
面談（家族 本人）
書類提出
受け入れ検討
利用OK or NG
はぁ…
入所されてる他の方もいらっしゃるし
そんなに簡単ではないよね
父の審査がうまくいくように祈るばかりでした

お父さんが住む所の
見学に行ってきたわよ
家からも近くてね
スタッフさんも優しく話を聞いてくださったし
明るい雰囲気だったの
お父さんが住むことになったら会いに行くからね

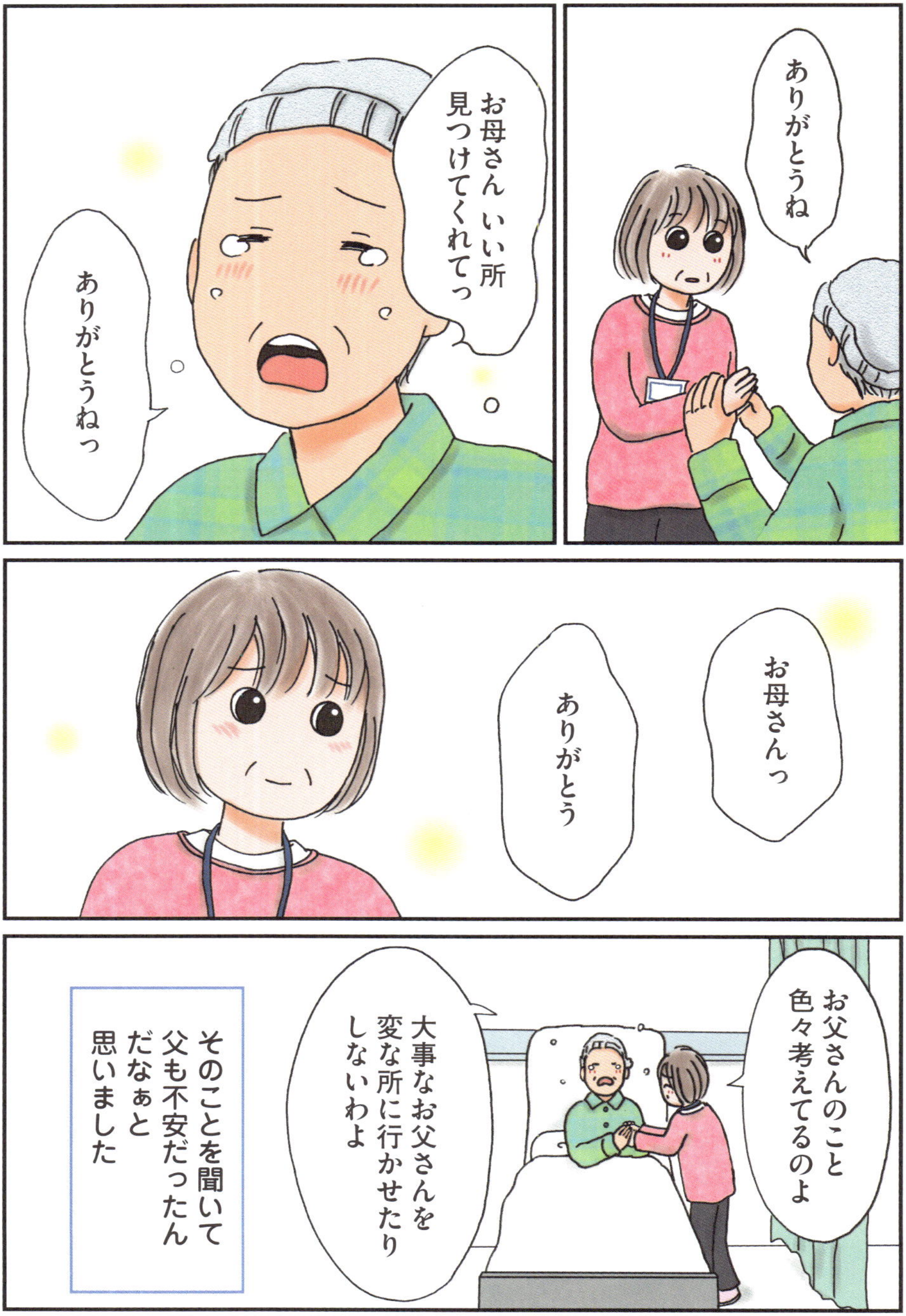
ありがとうね
お母さん いい所 見つけてくれてっ
ありがとうねっ
お母さんっ
ありがとう
お父さんのこと 色々考えてるのよ
大事なお父さんを 変な所に行かせたり しないわよ
そのことを聞いて 父も不安だったん だなぁと 思いました

お互い素直に
気持ちを
伝え合うふたりを
とても
素敵だと思う
私も父の
申請書に
サインするため
仙台へ
施設に母と
提出に
行きました
書類ありがとう
ございました
では
いつから入所
されますか？
えっ？
審査通ったん
ですかっ!?
はい
ありがとう
ございます!!
よかったぁ～
何とか無事に
入所が正式に
決定したのです

あ〜ほっとしたぁ
お父さん来週退院だからね
来週？
そうよ
ちかさちゃんもいる間に決まってよかった
お父さん…
また新しい所だけど…
慣れてるから
今まで色んな人会ってきたから
大丈夫だから
――お父さんは…

あの時も…
大丈夫だから
いつも大丈夫って言ってたなぁ…
これからは私がお父さんに
大丈夫だよって言ってあげられるようになりたい
お父さん無理しないでね
お父さんの存在が私達の励みになってるのよ

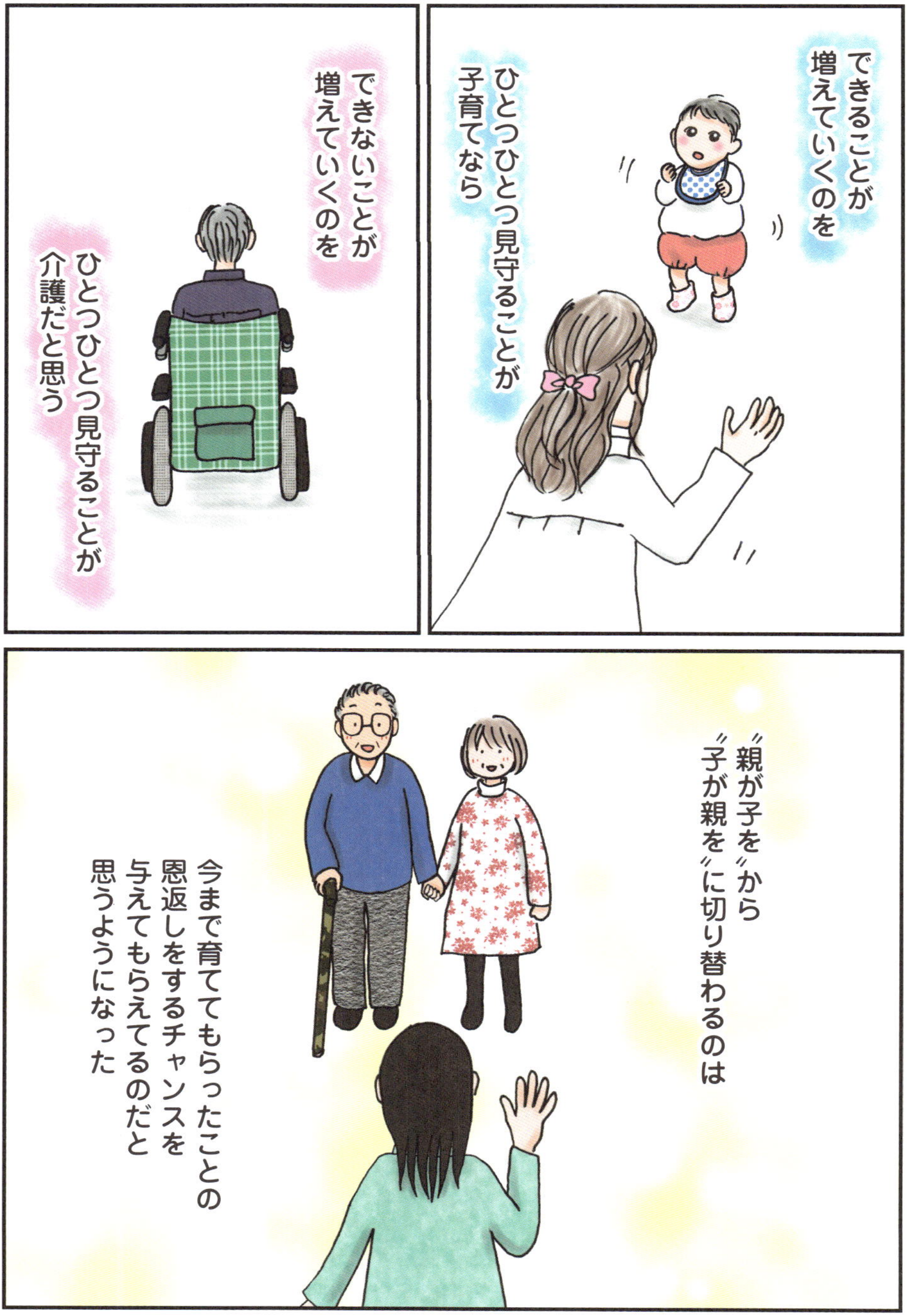
できることが
増えていくのを
ひとつひとつ見守ることが
子育てなら
できないことが
増えていくのを
ひとつひとつ見守ることが
介護だと思う
〝親が子を〟から
〝子が親を〟に切り替わるのは
今まで育ててもらったことの
恩返しをするチャンスを
与えてもらえてるのだと
思うようになった

今までずっと
私に愛情を注いでくれた両親のことが
私は心から大好きだから
だからこれからもどんなことがあっても
私はふたりのためにできることは全部してあげたい

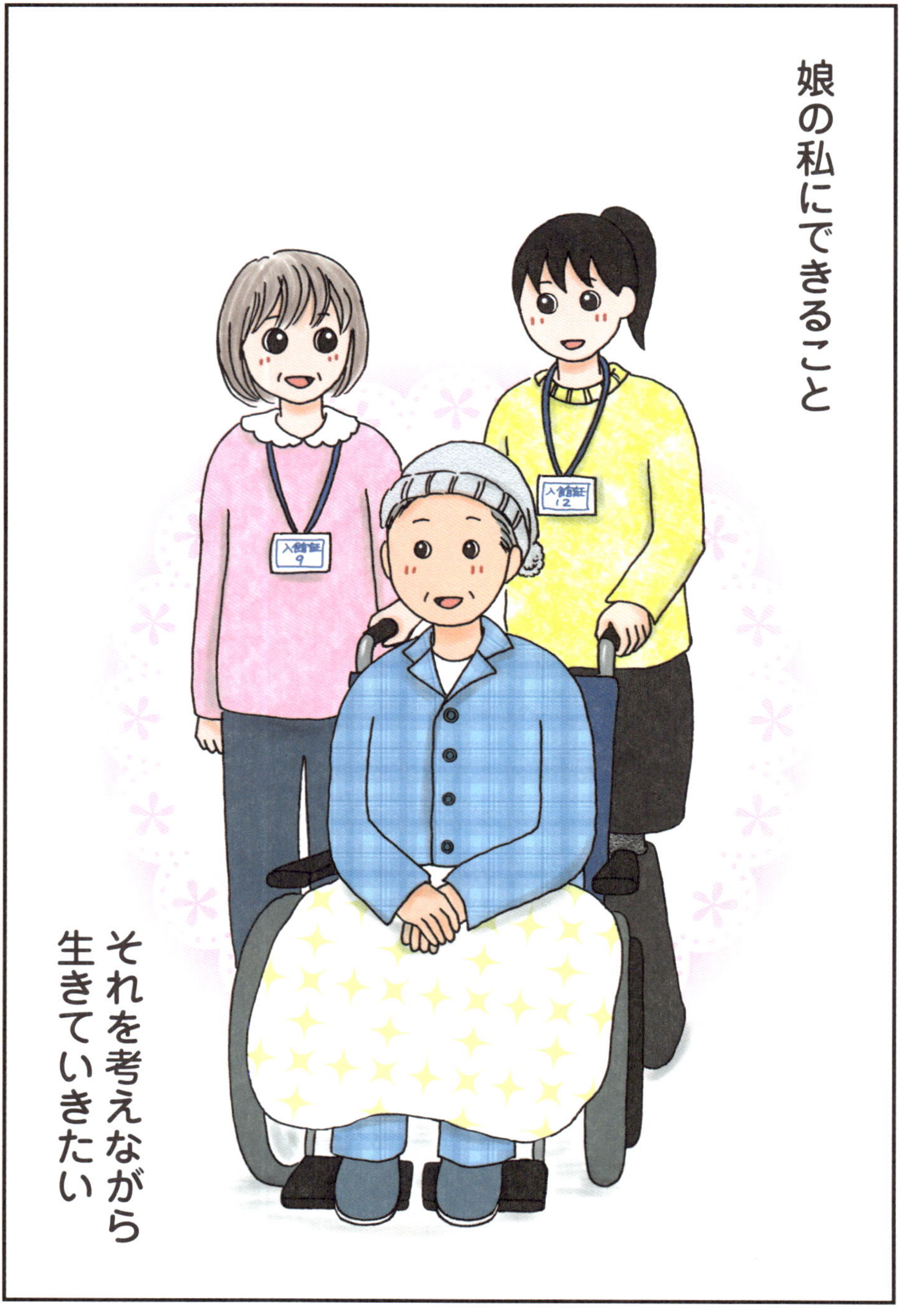
娘の私にできること
入館証
9
入館証
12
それを考えながら
生きていきたい

あとがき

コミックスをお買い上げいただきありがとうございます。

両親に「お父さんお母さんのこと赤裸々に描いても大丈夫?」と確認すると「私たちの経験が少しでもお役に立てるのならば」と快諾。そのおかげで私は素直に表現することができました。

制作中に父が骨折してしまい心が落ち着かない日々がありましたが、家族と向き合いこれからの生活を見直す大切な時間を過ごせたと思います。

ちなみに今は家族3人一緒に暮らすために毎日準備や手続きをしています。

ご協力いただいた丹野智文さん。思いやりあふれるあたたかいメッセージに感激いたしました。ありがとうございました。

丁寧に私の気持ちと向き合い導いて下さった堅田編集長には本当にお世話になりました。ただただ感謝の気持ちでいっぱいです。

そして応援して下さる皆様いつも優しく見守って下さりありがとうございます。私の漫画を描くパワーの源です。

大好きなお父さんお母さんありがとう。
これからも私がそばにいるから安心してね。

ちかさ♥

ちかさ

仙台出身、東京在住。漫画家、イラストレーター。２０１５年にコミックエッセイ『ちかさの婚活がまだ終わらない。』(光文社)刊行。血液型はB。

公式ブログ chikasacomic
https://ameblo.jp/ckyc8264/

Twitter
@chikasacomic

コミックエッセイの森《もり》

親《おや》が老《お》いていく

２０１８年11月15日第1刷

著者――ちかさ
装丁――小沼宏之
発行人――堅田浩二
ＤＴＰ――小林寛子
発行所――株式会社イースト・プレス
〒１０１－００５１
東京都千代田区神田神保町２－４－７
久月神田ビル
tel ０３－５２１３－４７００
fax ０３－５２１３－４７０１
http://www.eastpress.co.jp
印刷――中央精版印刷株式会社

ISBN978-4-7816-1728-2 C0095